KB088522

끝나지 않은 미나마타병

No More Minamata

사법을 통한 해결 방안의 모색

끝나지 않은
미나마타병

미나마타병 시라누이환자회
No More Minamata 국가배상등소송변호단
No More Minamata 편집위원회 엮음

정유경 옮김

끝나지 않은 미나마타병
No More Minamata

초판 1쇄 발행 2016년 3월 20일

엮은이 미나마타병 시라누이환자회, No More Minamata 국가배상등소송변호단,
　　　No More Minamata 편집위원회
사진 기타오카 히데오(北岡秀郎, Hideo Kitaoka)　**옮긴이** 정유경
펴낸이 백재중　**디자인** 박재원　**편집** 조원경　**펴낸곳** 건강미디어협동조합

등록 2014년 3월 7일 제2014-23호　**주소** 서울시 광진구 동일로 18길 118
전화 010-4749-4511　**전송** 02-6974-1026　**전자우편** healthmediacoop@gmail.com

값 10,000원
ISBN 979-11-952499-6-1

英語版・日本語版 ノーモア・ミナマタ―司法による解決のみち
Court Battles over a Pollution-Related Disease, *The Case of Minamata Disease*, 花伝社, 東京

@2013 水俣病不知火患者会、ノーモア・ミナマタ国賠等訴訟弁護団, ノーモア・ミナマタ編集委員会

차례 c o n t e n t s

엮은이 소개

미나마타병 시라누이환자회

미나마타병 피해자 구제를 요구하며 2005년 2월에 '미나마타병 시라누이환자회'가 결성되었다. 10월 제1진 원고 50명이 제소하여 정부, 구마모토현, 칫소 주식회사를 피고로 '노모어미나마타 제1차국가배상등소송'을 제기하여 2011년 3월에 약 3,000명이 화해 승리하였다. 그 후 미나마타병 피해자 구제에 관한 특별조치법을 통해 피해자 구제를 지원하며, 현재 '노모어미나마타 제2차국가배상등소송'을 제기하여 싸우고 있다. 회원 7,500명, 회장은 오이시 토시오(大石利生), 사무국장은 모토시마 이치로(元島市朗)이다.

No More Minamata 국가배상등소송변호단

'미나마타병 시라누이환자회' 재판을 담당한 변호인단. 변호단장은 소노다 쇼토(園田昭人) 변호사, 사무국장은 데라우치 다이스케(寺内大介) 변호사이며 단원은 구마모토현 변호사회의 젊은 층 중심으로 구성되어 있다.

No More Minamata 편집위원회

이카이 다카아키(猪飼隆明)·토리카이 가요코(鳥飼香代子)·도이 군지(土肥勲嗣)·기타오카 히데오(北岡秀郎)·정유경·이타이 마사루(板井優)

옮긴이 정유경 鄭有景

일본 가고시마 대학 석사·박사. 고려대학교 일본연구센터 HK연구교수(2011.3-2012.8), 일본 가고시마 대학 객원연구원을 지냈고(2012.12-2013.2), 2014년 3월부터 규슈 대학 결단과학센터 조교수(Kyushu University Institute of Decision Science, Assistant Professor)로 재직중이다. 번역한 책으로 『술의 세계사』(2014), 『일본의 술』(2011), 『질투의 정치』(2012), 『검증3.11 동일본대지진』(2012), 『대규모 재해 극복을 위한 자치체 간 연계』(2013) 등이 있다.

글쓴이 소개

∼∼∼∼

이카이 다카아키 猪飼隆明

오사카 대학 명예교수. 역사가. 막부 말기, 유신 이후의 정치사, 사상사, 사회운동사를 연구. 주요 저서로는 『사이고 다카모리』(『西郷隆盛』, 岩波新書), 『서남전쟁 -전쟁의 대의와 동원된 민중』(『西南戦争－戦争の大義と動員される民衆』, 吉川弘文館), 『한나리테르와 회춘병원』(『ハンナリデルと回春病院』, 熊本出版文化協会), 『구마모토의 메이지 비사』(『熊本の明治秘史』, 熊本日日新聞社)등이 있으며, 미나마타병에 관해서는 『미나마타병 문제 성립의 전제』(『水俣病問題成立の前提』), 『국책을 배후로 한 칫소의 기업 활동』(『国策をバックにしたチッソの企業活動』)등의 논고를 발표하였으며, No More Minamata 환경상(環境賞) 심사위원장을 역임하였다.

기타오카 히데오 北岡秀郎

1943년 구마모토시 출생. 고등학교 교사로 일하다 1971년부터 현재까지 미나마타병 소송 변호단 사무국장을 맡고 있다. 1975년부터 1996년까지 월간 『미나마타(みなまた)』를 발행하면서 미나마타병 문제를 알리는 일을 하였다. 미나마타병 투쟁지원 구마모토현 연락회의 사무국장, 한센병 국가배상 소송지원 전국련 사무국장, 가와베강(川辺川)이수 소송지원련 사무국장 등을 역임하였다. 미나마타병 문제, 한센병 문제, 가와베강 댐 문제, 원폭 피폭자 소송, 원자력 발전소 사고 등에 관해 간행물로 정보를 알리는 일을 계속하고 있다.

이타이 마사루 板井優

변호사. 미나마타병 소송 변호단 사무국장으로 미나마타 시에서 8년 6개월간 변호사 사무소를 열어 미나마타병 문제 해결에 힘썼다. 환경을 파괴하는 가와베강 댐 건설 계획을 사실상 중지시켰으며 한센병 국가배상 소송 서일본변호단 사무국장을 맡기도 했다. 전국 공해 변호단 연락회의 사무국장, 간사장, 대표위원을 역임하며 공해 문제를 담당해왔다. 원자력발전소를 없애자! 규슈겐카이소송(「原発をなくそう！九州玄海訴訟」)변호단 공동대표로 원자로 폐로를 요구하는 투쟁에 힘쓰고 있다.

≈≈

노 모어 미나마타
(No More Minamata)

양길승

원진직업병관리재단(녹색병원, 원진녹색병원) 이사장

미나마타병은 환경 질환으로 유례 없는 재앙을 가져온 사태의 이름이다. 일본 구마모토현의 시市 이름인 미나마타는 세계 모든 의대 교과서에 실리고 환경 서적에서 가장 흔하게 만나는 환경 질환의 하나가 된 지 몇 십 년이 되었다. 이 책은 '칫소'라는 한 일본 기업이 만들어내고 정부와 관이 길러낸 괴물과 싸워온 사람들의 기록이다. 1956년 일본 정부가 공식적으로 확인한 이 질병과의 싸움은 60년이 다 되어가는 지금도 끝나지 않았다. 이 짧은 보고서는 왜 미나마타병이 지금도 끝나지 않았는가, 왜 그럴 수밖에 없었는가를 손에 잡히게 보여준다.

부제 "사법을 통한 해결 방안의 모색"은 뭔가 제대로 싸우는 것이 아니지 않을까 하는 생각이 들게도 한다. 그리고 책의 처음 부분은 일본 사법제도에 관심 없는 사람을 힘들게 한다. 하지만 조금만 참고 읽으면 제도나 제도권과 싸워 본 사람들이라면 우리에게도 익숙한 문제이고 상황이라는 것을 느낄 수 있다. 더구나 환경 문제로 싸워본 경험이 있는 사람이라면 공감을 넘는 확신을 할 것이다. 서문이나 제1장을 건너뛰는 것은 권하지 않는다. 질긴 고기는 처음에 힘을 들여야 맛을 제대로 즐길 수 있으니까.

짧은 보고서이고 내용을 분명하게 밝히고 있어 별다른 설명이 필요하지 않다. 일본 환경성이 접수한 미나마타병 특별조치법에 따른 피해자 신청자가 6만 5천 명이 넘고 '칫소'가 일시금으로 지불할 대상이 2만 7천 명이 넘는다는 규모만 먼저 알리면서, 우리나라와 비교하고 싶다.

우리에게도 환경 재앙이 없지 않았다. 온산병도 있고 기름 유출이나 가스 유출로 사망자는 물론 피해자도 많았다. 그러나 내가 비교하고 싶은 것은 환경 재앙이 아니라 직업병이고 구체적으로 원진레이온의 경우이다. 이황화탄소라는 냄새도 색깔도 없는 가스에 의해 1988년 알려진 이 질병은 1992년 공장이 문을 닫은 후 지금까지 천 명에 가까운 직업병 환자를 양산해 놓았고 환자 7백여 명은 계속 치료중이다.

1988년 원진직업병 문제에 대한 초기 대응은 일본에 비해 우리사회가 빨랐다. 위로금이라는 이름으로 일시금을 주는 결정은 해가 바뀌기 전에 이뤄지고 일본이 제3자위원회를 구성하여 피해자측 의사가 진단에 참여하는 결정도 일본이 56년 걸린 것에 비하면 6개월밖에 걸리지 않았다. 그러나 원진레이온 역학조사와 직업병 진단기준 설정이라는 별도의 과정을 마련하기까지 진단을 기다리다 돌아가신 분의 장례식을 135일간 치르지 못하고 공장 앞에서 농성을 하는 등 어렵고 고통스러운 싸움의 과정을 거쳐야만 하였다.

지난 15년 이상 원진레이온 직업병 환자와 의료인, 노동운동가 등 원진직업병 문제를 함께 고민해 온 사람들은 일본에서 미나마타병 피해자 단체와 대책기구 등과 계속 교류하고 있다. 이 보고서에 이름이 기록되어 있는, 지금은 돌아가신 구마모토 대학의 하라다 마사즈미 교수님이 일본 미니마타 대책기구의 의장으로 계실 때부터 우리는 한일 상호방문을 해왔고 아시아 지역 연대활동으로 멀리 인도 보팔 참사 10주년에는 보팔 현지에 가서 참사 피해자를 같이 진료하기도 하였다. 오랜 싸움을 통해 역사적으로 의미 있는 결과를 만들어낸 그분들에게 축하를 드린다.

끝으로 더욱 부러운 한 가지가 있다. 사법 판결을 통해 얻은 '전신성의 감각장애를 미나마타병의 증상으로 인정'한다는 결정은 다른 공해나 약물피해와 관련된 소송에서 큰 영향력을 발휘할 것이라는 사실이다. 전신성 감각장애는 다른 여러 요인으로 올 수 있다며 공해나 약물과의 인과관계를 인정하지 않는 제도권 학계의 한계를 넘어갈 디딤돌을 하나 만든 것이다. 원진레이온의 사건에서 얻은 결과가 삼성 반도체 산업에서 생긴 질병들에 대해 영향을 발휘하지 못하는 우리 현실 앞에서 일본의 성취와 진전을 진심으로 축하 드린다.

한국어판 머리글

~~~~~

인간의 존엄과 인권을 쟁취하기 위한
공익 소송의 귀감

박 영 립

한국한센인권변호단 단장, 법무법인(유)화우 대표변호사

미나마타병水俣病은 신일본질소비료 미나마타 공장의 폐수에
포함된 메틸수은에 의하여 발병한 공해병이다. 1956년 5월 정
부에 의해 공식적으로 확인되었지만 수십 년이 지난 아직까지
도 미나마타병을 둘러싼 재판은 계속되고 있다. '끝나지 않은
미나마타병'은 그 동안 인간의 존엄과 인권을 쟁취하기 위하여
치열하게 벌인 미나마타병 재판 투쟁의 기록이다. 근현대 일본
사회에서의 사법의 역할, 미나마타병 발생의 역사, 재판의 경과
및 성과와 향후 과제까지도 이해하기 쉽게 설명하고 있다.

특히 여러 피해자 단체의 이해관계, 가해 기업의 방해 공작,
정부의 보상 거부 등으로 재판이 난관에 봉착하여 있던 중에 호

별방문, 건강 조사(대검진), 재판 설명회 등을 통하여 피해자들의 참여를 높이고 사회적 관심을 이끌어 냄으로써 지지부진하던 국면을 전환시킨 아이디어와 추진력이 참으로 놀랍다. 사법은 우리 삶의 방식을 규율하는 중요한 준거 역할을 하지만 현실에서는 이런 저런 연유로 사법에 대한 불신과 회의가 들기도 한다. 그럼에도 피해자들과 변호단은 사법 질서 안에서 재판을 통하여 일찍이 선례가 없던 미나마타병을 공해병이라고 밝혀냄으로써 보상의 길을 열어 놓았다.

미나마타병 소송 변호단의 끈질긴 활동은 일본 나예방법癩豫防法 위헌 확인 등 소송으로 이어져 89년에 걸쳐 잘못 시행된 일본 한센병 정책을 단번에 바꾸어 놓았고, 한국, 대만 변호단과 연대 활동을 통하여 일제 강점기에 강제 격리 피해를 입은 한센병 피해자들에게 보상을 받게 하였다. 한국한센인권변호단이 한센병 강제단종낙태 피해 소송을 제기하여 승소 판결을 이끌어 낸 계기도 만들었다.

이 책은 수십 년 동안 병명도 모른 채 피해를 입어온 수많은 피해자를 사법을 통하여 빠짐없이 구제함으로써 미나마타병 문제를 풀어낸 숭고한 투쟁의 역사를 담고 있다. 따라서 이 책은 집단소송 진행 과정에서 부딪히는 여러 난제들을 극복하도록 돕는 지도서이며, 공익 소송의 귀감이 되는 값진 기록이다.

머리글

≋

소노다 쇼토 園田昭人

변호사

　미나마타병水俣病은 인간의 산업 활동으로 발생하는 병으로 너무나 비참하고 심각한 인체 피해를 일으킨다는 점에서 공해의 원점이라고 일컬어지고 있습니다.

　미나마타병은 구마모토현熊本県, 미나마타시水俣市에 위치한 칫소(Chisso, 신일본질소비료) 미나마타 공장의 폐수에 포함되어 있던 메틸수은에 오염된 어패류를 다량 섭취하여 발병하게 된 공해병입니다. 1956년 5월 1일에 공식적으로 확인되었습니다.

　칫소는 미나마타병의 발생을 인식하고 있으면서도 처리하지 않은 채 폐수를 시라누이해不知火海에 계속 흘려보냈습니다. 정부와 구마모토현은 미나마타병의 발생과 확대를 방지할 수 있었는데도, 경제 성장을 우선시하며 충분한 방지책을 취하지 않았습니다. 그 결과 많은 이들이 피해를 받게 된 것입니다.

미나마타병은 미쳐서 사망狂死에 이르는 중증의 인체 피해부터 감각장애만을 가진 비교적 경증까지 증상은 다양하지만, 아직까지 임상적 특성은 충분히 해명되지 않았습니다. 또 오염이 심각했을 당시 시라누이해 연안 지역에는 약 20만 명의 주민이 거주하고 있었고, 많은 이들이 오염된 어패류를 다량 섭취한 것은 확실하지만 피해자 수는 판명되지 않았습니다. 정부가 전반적인 실태 조사에 늑장을 부리고 있기 때문입니다.

미나마타병 피해자는 피해를 부정하고 있는 가해 기업과 정부를 상대로 반세기 이상 보상을 요구하는 투쟁을 계속하고 있습니다.

피해자가 승소한 최고재판소 판결(2014년 10월), 피해자 구제를 위한 특별조치법 성립(2009년 7월) 이후에도 아직도 보상을 받지 못한 피해자의 투쟁은 계속되고 있습니다. 2013년 6월 20일 특별조치법에 의한 보상을 거부당한 피해자 48명이 새로운 소송을 제기하였듯이 피해자의 투쟁은 지금도 진행 중입니다.

미나마타병이 너무나 복잡하고 비정상적인 과정을 밟는 이유는 가해 기업과 정부가 공해 방지와 실태 조사를 게을리하고 피해를 계속 축소시켰기 때문입니다. 이러한 잘못을 교훈 삼아, 세계의 공해 방지와 피해자 보상이 활발해지는 데 이 책이 조금이나마 도움 되기를 바랍니다.

서론

근현대
일본사회에서
사법의 역할

이카이 다카아키(猪飼隆明)

    이 책은 국가의 원조를 받은 한 기업의 생산 활동이 지역 주민과 노동자에게 '미나마타병'이라는 심각한 피해를 초래한 사실을 밝히고, 피해자 구제를 위해 사법을 중심으로 광범위하고 오랜 기간 계속된 투쟁의 모습을 그리기 위한 것입니다. 우리들이 이 사법의 현장을 투쟁의 현장으로 삼은 이유와 의의를 명백하게 하기 위해 메이지유신(明治維新) 이후의 일본 근대 사회에서 사법이 어떠한 위치에 있었는지 그리고 제 2차 세계대전 후 어떻게 변천되어 지금에 이르렀는지를 서술하고자 합니다.

1. 근대 일본의 사법제도

　근대 일본의 사법제도는 1868년 4월 21일에 공포된 「정체서政
体書(Constitution의 일본어역)」에 권력이 태정관太政官에 집중되어
있으면서 근대적 법 제도에 따라 행정, 사법, 입법의 삼권 분립
을 규정하고, 오사카, 효고, 나가사키, 교토, 요코하마, 하코다테
에 재판소를 설치한 것에서 시작되는데, 이 재판소는 지방행정
기관과 같은 의미로, 독립된 사법기관이 아니었습니다. 이것은
폐번치현廃藩置県(지방 통치를 담당하였던 번藩을 폐지하고, 지방통치기
관을 중앙정부가 통제하는 부府와 현縣으로 일원화한 행정개혁) 직후의
1871년 7월 9일에 사법성이 설치되어 사법성 재판소, 부현재판
소, 구재판소가 설치된 이후에도 지방행정기관으로서의 특성은
계승되었다고 할 수 있습니다.
　그러한 특성을 다소나마 극복하고 근대 일본 사법제도를 체
계화시키는 첫걸음이 된 것은 1875년 4월 1일에 대심원이 설치
되어, 재판권이 사법경司法卿으로부터 대심원으로 이양되고 나

서입니다. 즉 이때 대심원-상등 재판소(도쿄, 오사카, 나가사키, 후쿠시마(이후 미야기)-부현재판소(다음해 지방재판소로)의 서열이 생겨, 대심원제 재판소 직제장정大審院 諸裁判所 職制章程·공소상고절차·재판사무 주의 사항이 만들어졌습니다.

그 후 자유민권운동의 고양高揚에 대항하여 정부는 1880년 7월 17일에 형법·치죄법治罪法을 공포하였습니다. 이 형법은 죄형법정주의(범죄와 형벌은 법률로 정해져야 한다는 원칙)를 취하며 신분에 따른 형벌의 차이를 철폐하였으며 죄를 중죄, 경죄, 위경죄로 나누었습니다. 또 치죄법에 따라 형사재판 절차, 재판소의 종류와 구성 등을 규정하여, 각각의 죄목별로 시심재판소始審裁判所에서 대심원에 이르는 공소 및 상고 시스템이 만들어졌습니다.

이와 같이 근본법인 헌법 제정에 앞서 사법제도의 기초가 국민의 운동과 대항하면서 만들어진 것입니다. 그리고 재판소 관제가 제정되어 재판관 및 검찰관의 등용, 임용자격, 재판관의 신분보장, 사법행정의 감독 서열이 만들어진 것은 1886년 5월이며, 대일본제국 헌법이 만들어지고, 1890년 제국의회 개회를 앞두고, 재판소 구성법, 민사소송법, 형사소송법이 계속 제정되었습니다. 1893년 3월 공포된 변호사법에 관해서는 이후에 서술하도록 하겠습니다.

2. 변호사 제도 시대

1) 대언인 제도 시대

그렇다면 사법司法의 장과 사법私法 외(지역과 사회)를 연결하는 역할을 하는 것이 변호사인데 어떠한 제도적 특징을 가지고 있을까요?

변호사는 당초에 '대언인代言人'으로 불렸는데 최초의 '대언인 규칙'은 1876년에 제정되었습니다. 이에 따르면 대언인은 포고 포달佈告佈達 연혁의 개략, 형률刑律의 개략, 현재의 재판 절차의 개략을 이해하는 사람이며, 품행과 이력에 관해 지방관의 심사를 받은 후 사법경의 인가를 받은 사람을 말하는데, 이것이 변호사 제도의 시작입니다.

이것은 1880년 5월에 개정되어 '①대언인은 검사의 감독 아래 둔다, ②대언인 조합을 법으로 정하여 각 지방재판소 본지청마다 하나의 조합을 설치하여 조합 가입을 권유한다.'라고 되어 있으며 이것이 현재의 변호사회로 이어지게 되었습니다. 또 이에 따라 대언인의 시험에 관해서도 사법경이 관할 검사에게 문제(시험과목은 민사, 형사에 관한 법률, 소송절차, 재판의 제칙)를 보내고 검사가 담당하게 되었습니다.

2) 변호사법 시대

1893년 5월에 변호사법이 시행되었습니다. 사법성은 재판소 구성법과 함께 대심원, 공소원, 지방재판소마다 소속 변호사를 두는 3계급제와 고액의 면허료와 보증료를 내용으로 하는 제도를 만들려고 계획하였으나 성공하지 못했습니다. 그러나 변호사회(지방재판소마다 한군데씩)를 검사정檢事正의 강력한 감독 아래 둘 것, 사법대신과 재판소로부터 심문 받은 사항, 사법 또는 변호사의 이해에 관해 사법성과 재판소에 건의하는 사항 외에 논할 수 없게 할 것, 변호사회에는 검사정을 참석시킬 것, 변호사회의 결의에 사법대신이 무효라고 선언하는 권한 및 의사 정지권을 규정하였습니다.

이러한 관제의 변호사회에 대항하여, 하토야마 가즈오鳩山和夫, 이소베 시로磯辺四郎(도쿄 변호사회 회장), 기시모토 다쓰오岸本辰雄(시마네현, 프랑스 유학, 메이지 법률 학교 창설에 참가), 기쿠치 다케오菊池武夫(이와테현, 미국 유학, 일본 최초의 법학 박사) 등이 발기인이 되어 1896년 일본변호사협회를 설립하였습니다. 이는 회원의 친교와 사법제도의 발전, 법률 응용의 적정을 목적으로 한 것이었는데 결성되자마자 즉시 예심 폐지 또는 예심에 변호인을 붙일 것을 주장하고, 기소 배신과 검사 제도 등에 관해 서로 논하였습니다.

이렇게 변호사들 간의 횡적 결합이 이윽고 관제 변호사회를 포섭하고 그 후의 중요한 재판 투쟁에 의미를 지니며 일본의 재판 투쟁에 질적으로 영향을 끼치게 되었습니다.

• 아시오광독 사건 足尾鉱毒事件

후루카와 광업의 광산 개발에 따른 배연, 독가스, 광독수에 의해 주변 지역 주민에게 중대한 피해를 초래한 아시오광독사건에 대해 1901년 '생명구원청원인 흉도취중兇徒聚衆사건'이 발생하여 52명이 중죄, 경죄 피고인이 된 사건에서는 42명의 도쿄 변호사와 여기에 요코하마, 마에바시, 우쓰노미야로부터 16명의 변호사까지 가담하여 총 58명의 변호단을 편성하였습니다.

• 히비야소타 사건 日比谷焼打事件

러일전쟁 후의 강화에 반대하여 일어난 1905년 9월 5일의 이른바 히비야소타 사건(흉도취중죄兇徒聚衆罪, 1882년에 시행된 구 형법. '흉악한 도당이 무리를 짓는 죄'란 뜻이다. 1907년에 제정된 형법에서 소요죄로, 1995년의 개정에서 소란죄로 이름이 바뀌었다.)에서는 체포자 2,000여 명 중 313명이 기소되어 예심에서 유죄로 공판에 붙

여진 이가 117명에 이르렀습니다. 194명이 예심 면소되었으나 2명이 사망하였습니다. 이때 국민대회 주모자로 3명의 변호사가 피고인이 되었습니다.

이 사건에서 도쿄 변호사회는 경찰관의 양민 살상 사실을 엄중히 보고, 회장 외 54명의 변호사가 도쿄 시 전체를 9지구로 나누어 조사하여 결과를 공표하였습니다. 변론에서는 임무를 분담하여 총론주사總論主査로는 4명, 결론주사로 5명, 개개인의 피고에 3~5명의 변호사를 선임하여, 군중 심리로 행동했다는 102명의 변호에 100여 명의 변호사가 관계하였습니다. 이렇게 하여 모두 152명의 대변호단이 편성된 것입니다.

• 대역 사건 大逆事件

1910년의 대역 사건, 거의 날조된 사건으로 간주되는 천황 살해 계획은 같은 해 12월 10~29일 대심원에서 방청 금지로 16번의 공판이 이루어져 다음 해 1월 18일에 공개로 판결이 나왔습니다. 이 재판에서도 합계 11명의 변호사가 피고 변호를 시도하였습니다.

이상의 사건 변호 활동에 그치지 않고 메이지 말부터 다이쇼大正 초에 걸쳐 변호사와 변호사회의 감독을 검사정檢事正에서 사법대신으로 이양할 것을 요구하는 운동 또는 형사 법정에서 변호인의 자리를 검사석과 동등하게 할 것을 요구하는 운동도 변호사협회가 전개하였으나 실현되지 못하였습니다. 참고로 검사가 재판관과 나란히 등단하여 앉는 형식은 전후의 1947년까지 계속되었습니다.

• 쌀소동 米騷動

그런데 1918년의 쌀소동 발생시 일본 변호사협회는 8월 19일 '이번 사태는 정부의 식료 문제에 관한 정책이 불충분하였고 정부는 민중들의 고난에 대해 거의 돌아보지 않았다. 우리들은 민중들의 생활 안전을 지원하는 근본책을 마련해야 할 필요가 있음을 인식하고 있으며, 소요 사태에 대한 사법권 행사는 잘못된 수단임을 정부에 경고한다.'라고 결의하고, 식료문제특별위원으로 16명, 각 특별위원회 별로 위원 5명씩을 선임하였습니다. 시즈오카·아이치, 야마나시·나가노·니가타, 히로시마·오카야마, 교토·오사카·효고·미에, 규슈의 5블럭으로 나누어 변호사를 파견하여 조사한 후 방대한 보고서를 작성하여, 소요 사태에 군대를 파견할 것, 신문잡지에 기사 게재, 연설회를 금할 것 등을 비판하는 5가지 결의를 올렸습니다.

3) 자유법조단의 결성

지금까지의 사건은 비조직적인 대중운동에서의 변호 활동이었습니다. 쌀소동 이후에 조직적, 계급적 운동이 진전되었으나 그 또한 탄압을 받았습니다. 여기에서도 변호사단의 활동이 중요한 역할을 하였습니다. 그리고 그 변호사단도 그 계급적 자세를 분명히 하였습니다.

1921년 6월부터 8월에 걸쳐 미쓰비시 조선소 고베 공장과 가와사키 조선소가 동시에 쟁의를 일으켜 양자는 8시간 노동제, 조합의 단체교섭권, 산별 노동조합 가입 등을 요구하는 운동을 전개하였습니다. 7월 29일에 가와사키 조선소의 노동자 13,000명이 이쿠타生田 신사에서 집회를 갖고 데모를 진행하였는데, 경찰관이 돌입하여 한 노동자를 뒤에서 칼로 찔러 사망하게 한 사건이 발생하였습니다. 고베 변호사회는 이 문제를 거론하며 한 명의 변호사에게 일임하였으나, 도쿄 변호사회는 즉시 고베인권유린조사단결성협의회를 결성하였고 16명의 위원을 고베로 파견하였습니다. 그리고 고베 변호사회와 함께 조사를 하여 구체적인 인권 침해 사실을 명백히 하며 고베, 오사카, 도쿄에서 보고 집회를 가졌습니다. 이들 변호사를 중심으로 10월경에 '자유법조단'이 결성된 것입니다. '고베인권문제조사보고서'의 첫머리에는 '권리를 보장하는 것은 법의 사명이며, 생활과 신체의 자유는 근본적인 권리이다.'라고 되어 있는데, 이것이 조사단이 집결할 수 있었던 최대 공약수이며, 자유법조단도 이 정신으로 집결하였습니다. 즉, 자유주의자, 사회민주주의자가 여기에 집결한 것입니다.

다이쇼 데모크라시를 경험하는 과정에서 무산 운동, 사회주의 운동이 천황제 국가의 전제주의와 전쟁 정책에 반대하는 세

력으로서 모습을 나타내기 시작하였습니다. 이를 탄압하기 위해 정부는 1925년 치안유지법을 성립시켰습니다. 이 치안유지법을 사용한 최초의 대규모 공산당 탄압이 1928년 3·15 사건이며, 다음 해의 4·16 사건입니다.

이에 대해 변호사를 중심으로 대중과 지식계급을 규합하여 해방운동희생자구원회가 결성되었고 1930년 5월에는 국제노동자구원회(1922년 창립, MOPR)의 일본지부가 되었습니다.(통칭 '적색구원회')

그리고 1931년 4월 29일에 3·15 및 4·16 사건의 법정투쟁(1931년 6월 25일에 제1회 공판)을 위해 해방운동희생자구원변호사단이 결성되었습니다. 그들은 피고의 변호를 위해 법정투쟁을 하고, 이와타 요시미치岩田義道 노농장례를 주최하거나, 옥사당한 고바야시 다키지小林多喜二의 시신을 인수받는 등의 활동을 하였습니다.

그 후 1931년에 전농전국회의변호사단이 결성되었고 1933년에는 해방운동희생자구원변호사단과 전농전국회의변호사단이 결합하여 일본노농변호사단이 결성되었습니다. 그들은 '①자본가 지주의 계급 재판 절대 반대, ②치안유지법 범인의 전원 무죄, ③옥중 정치범 즉시 석방, ④백색테러 반대, ⑤제국주의 전쟁 반대, ⑥프롤레타리아 독재 사회주의 소비에트 일본 수립'을 슬로건으로 내세우며 「사회운동통신」을 발행하고, 도쿄 외에 요코하마, 미토, 마에바시, 시즈오카, 니가타, 나고야, 오사카, 후쿠오카,

삿포로, 경성(서울), 타이난에 지부를 두었습니다.

그러나 그 후 일본노농변호사단 소속 변호사의 일제 검거가 시행되어, 변호단의 활동, 변호사로서의 활동 자체가 치안유지법 제1조 1항 목적수행죄에 해당된다고 하였습니다. 그리고 예심 종결 판정에서는 해방운동희생자구원변호사단, 전농전국회의변호사단을 일본 공산당의 확대 강화를 목적으로 삼는 비밀결사로 판단하고 그 존재 자체를 부정한 것입니다. 이로 인해 자유법조단, 일본노농변호사단도 궤멸에 이르게 되었습니다.

3. 전후 일본사회와 사법

1) 일본국 헌법과 전후의 재판제도

포츠담 선언을 수락하고 무조건 항복한 일본은 15년에 이르는 전쟁에서 아시아의 여러 국가와 국민에게 막대한 희생을 강요하고(2,000만 명을 살해), 자국민에게도 큰 희생을 초래한 전쟁에 대해 깊이 반성하였습니다. 두 번 다시 전쟁을 일으키지 않을 것을 결의하였으며, 평화적으로 살 권리와 기본적 인권은 인류 보편적인 권리이며, 이것을 실현하기 위해서는 주권이 국민에게 있음을 명확히 하는 일본국 헌법을 제정하였습니다. 일본 국민과 일본국은 이것을 세계에 선언하고 실행을 약속한 것입니다. 우리들의 인권과 민주주의, 그리고 평화 추구의 운동은 모두 이것에서 유래한 것입니다.

일본국 헌법은 삼권분립주의를 채용하여, 입법권을 국회에(41조), 행정권을 내각에 (65조)에 속하게 함과 동시에 '모든 사법권은 최고재판소 및 법률이 정하는 곳에 의해 설치하는 하급재판소에 속한다.'(76조 1항)라고 규정하였습니다. 그리고 '모든 재판관은 양심에 따라 독립하여 직무를 수행하고, 헌법 및 법률에만 구속된다.'라고 규정하고, 재판관의 독립, 나아가 사법권의 독립을 선언하였습니다.

최고재판소 하부에 있는 하급재판소는 고등재판소(8곳), 지방재판소(도도부현都道府県-광역자치단체에 한 군데씩), 가정재판소(지방재판소와 동일 지역에) 및 간이재판소(경찰서의 1~2군데를 단위로 575청)입니다. 이 중 제1심 재판소는 원칙상 지방재판소, 가정 재판소, 간이재판소이며, 제2심 재판소는 원칙상 고등재판소이며, 제3심 재판소 역시 원칙상 최고재판소입니다. 모두 원칙상이며 예를 들어 간이재판소의 민사 사건에서 지방재판소가 제2심 재판을 한 사건에 관해서는 고등재판소가 제3심 재판소가 되어, 특별상고 신청을 하지 않으면 최고재판소는 제4심이 됩니다.

2) 전후 부흥과 공해 문제의 발생

전후 일본은 황폐함에서 시작되었습니다. 총사령부(GHQ, General Headquater)에 의한 점령 정책 중 정부는 경제부흥 계획을 담당하는 국가기관으로 1946년 8월에 경제안정본부를 설치하고, 12월에 '경사생산방식傾斜生産方式(철강과 석탄의 생산을 우선 증가시켜 생산을 회복하는 방식)'을 결정하였습니다. 이는 파탄에 이

른 일본 경제를 부흥시키기 위해 석탄과 철강 등과 같은 기간부
문에 자금과 자재를 집중시키고, 전 생산을 궤도에 올리기 위한
것이었습니다. 일본흥업은행의 부흥융자부를 모체로 만든 부흥
금융금고復興金融金庫는 석탄, 철강, 전력, 비료, 해운 등에 집중
적으로 융자를 하였는데, 미나마타의 일본 칫소가 그 대상이 되
었습니다. 칫소의 창업은 1908년인데 정부의 전시 정책의 지원
을 받아 발전하였으나 공습으로 파괴되었습니다. 전후의 식량
증산과 함께 비료 증산이 필요하게 되어, 전후 정부로부터 또다
시 지원을 받아 재건하게 된 것입니다. 정부와의 결합으로 산
업 활동을 사명이라고 인식한 기업은 그 기업 활동이 환경을 파
괴하고, 지역 주민과 주변 주민의 건강과 생명에 중대한 영향을
끼치리라는 것을 일고一顧조차 하지 않고 경제 부흥을 촉진시킨
것입니다.

이 부흥기에 이어지는 고도 경제성장기 역시 환경과 건강은
대부분 무시되었습니다. 공해 문제는 이렇게 발생하였으며 심각
한 문제가 되었습니다. 기업은 생산력 확대에만 관심을 가지고,
안전과 환경 보전을 위한 투자를 거의 하지 않았으며, 자원낭비
형인 중화학공업 중심 산업구조를 구축함에 따라 기업집적 지역
을 중심으로 대기오염, 배수에 의한 수질오염이 급속히 진행된
것입니다. 칫소의 공장 폐수는 아무런 처리도 하지 않은 채 미나
마타만으로 흘러 들었고, 유기수은에 중독된 어패류를 일상적으
로 먹은 주민의 생명과 건강을 빼앗은 것입니다.

3) 원인기업과 지역 주민 그리고 사법

공해가 심각해진 것에 대해 정부는 대증요법対症療法(원인이 아니고, 증세에 대해서만 실시하는 치료법)으로 1958년에 수질2법水質二法(수질보전법, 배수규제법)을 제정하고 1962년에는 매연규제법을 제정하였으나 산업을 우선시하는 자세를 버리지 못했습니다. 심각한 공해에 시달리는 피해자와 지역주민을 중심으로 공해 반대 운동이 각지에서 전개되어 지방자치단체를 움직이고, 법원을 움직이며 정부를 움직이게 만들었습니다.

일본에서 처음으로 공해 재판에 나선 것은 제2 미나마타병이라고 불리며, 구마모토의 미나마타병과 같은 원인물질인 유기수은에 피해를 입은 니가타의 사람들이었습니다. 원인 기업은 쇼와전공 가노세 공장昭和電工 鹿瀬工場이며, 아가노강阿賀野川에 공장 폐수를 흘려보내 유기수은 중독을 일으킨 것입니다. 피해 주민은 1967년 9월에 니가타 지방재판소에 제소하였는데 이 투쟁은 욧카이치四日市의 석유 콤비나트에 의한 대기 오염으로 호흡기계 질환에 걸린 피해자들이 같은 해 9월에 쓰津 지방재판소 욧카이치 지부에 제소한 것으로 이어졌으며, 1968년 3월의 도야마현富山県의 카드뮴 중독사건(원인기업은 도야마현 진즈神通 강 상류의 미쓰이 금속 가미오카 광산三井金属神岡 鉱山)에서의 제소(도야마 지방재판소)로 그리고 다음 해 1969년 6월의 미나마타병 제소(구마모토 지방재판소)로 발전하게 되었습니다.

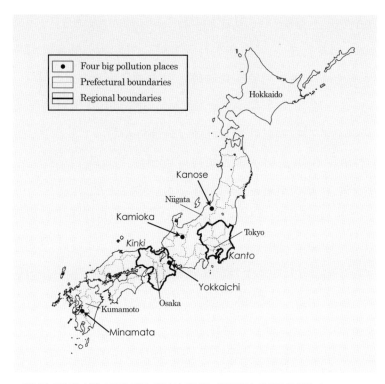

일본과 오염이 심한 4군데 지역: 간사이 지역은 대략 긴키 지방과 일치한다.

이것이 이른바 4대 공해 소송이라 불리는 것인데 피해의 정도와 피해 규모가 광범위하고 훨씬 심각했음에도 불구하고 법정 투쟁에 이르기까지 시간이 걸렸고 계속 싸우지 않으면 안 되었습니다. 원인 기업과 지역과의 관계, 정부와 지방행정과의 관계 등 미나마타병은 해결해야 할 심각한 문제를 안고 있었습니다.

칫소는 미나마타 지역과 주민들의 생활에 깊이 관여하며 경제 생활과 사회생활 등 뗄래야 뗄수없는 관계였으며, 미나마타시 정부와도 관계를 맺고 있었습니다(미나마타는 칫소로 발달한 도시로 불림). 이것은 또 지역의 차별적 구조와도 연동되어 있어 피해자가 목소리를 내어 기업을 비판하는 것은 매우 곤란하였습니다.

따라서 법정 투쟁은 여러 굴레로부터 자유로워지기 위한 투쟁이어야 했으며, 결연한 각오가 요구되었습니다.

사법을 무대로 한 미나마타병의 투쟁은 정의의 싸움으로서, 인간의 존엄과 인권을 쟁취하기 위한 투쟁으로서, 피해자와 주변의 여러 사람들 공동의 투쟁으로서 광범위한 지식인과 인정 있는 사람들을 끌어들여 전개된 점, 그리고 하나하나의 성과를 쟁취해 온 점이 피해자 자신의 주체성을 만들어낸 큰 요인인데, 여기에서 이들 피해자와 주변을 결합시키는 역할을 계속해 온 것이 변호사 집단이었습니다. 1949년 공포된 개정「변호사법」의 "기본적 인권을 옹호하고, 사회정의를 실현한다."(제1조)를 사명으로 하는 전후戰後의 변호사도 문자 그대로 이 정신을 관철하는 것이 쉽지만은 않았지만 전전戰前부터의 투쟁 역사 속에서 변호사 집단은 미나마타 문제에 관여해오면서 그것을 실천한 것입니다.

미나마타병 문제를 중심으로 한 투쟁의 역사는 전후 일본의 인간 존엄과 인권, 그리고 환경권으로 총칭되는 인간과 자연이 행복하게 공생할 수 있는 환경을 구축하는 데 있어서 중요한 역할을 계속해오고 있습니다.

1장

미나마타병의
역사

1. 미나마타병의 발생

1) 미나마타병 발생의 역사

미나마타병은 일본 열도의 남쪽에 있는 규슈九州의 구마모토 현 미나마타시에서 발생한 공해병公害病입니다. 발생지인 미나 마타시의 지명에서 유래하여 미나마타병이라 불리고 있습니다. 원인 물질은 유기수은의 일종인 메틸수은(methylmercury)입니다. 메틸수은은 일본 칫소 주식회사(이후 '칫소'라 함)라는 기업이 미 나마타 공장에서 배출한 폐수에 포함되어 있었습니다. 미나마타 병은 먹이사슬을 통해 발생하는 병으로, 메틸수은에 중독된 어패 류를 먹은 주민들이 미나마타병에 걸리게 되었습니다.

미나마타병은 1956년 5월 1일 공식적으로 확인되었고, 1965 년에는 혼슈本州에 있는 니가타현新潟県에서도 제2의 미나마타 병(니가타 미나마타병이라고 불린다)의 발생이 공식적으로 발표되었 습니다. 니가타 미나마타병의 원인 기업은 쇼와전공昭和電工 가노세鹿瀬 공장이며 아가노강阿賀野川 상류에 위치하고 있습니다.

공해 대책의 고전적인 방법은 공장에서 배출되는 폐수를 희석하는 것입니다. 그러나 미나마타에서는 당초 공장 폐수가 배출된 곳은 미나마타만水俣湾입니다. 이 미나마타만은 시라누이해不知火海라고 하는 내해에 있는 패쇄 수계입니다. 메틸수은을 희석하기 어려운 폐쇄 수계에 공장이 입지하고 있었던 것입니다.

구마모토현 남단의 작은 어촌이던 미나마타에 칫소가 진출한 것은 1908년(메이지 41년)이었습니다. 그보다 2년 전에 칫소는 근처에 있는 가고시마현鹿児島県 오구치大口에 발전소를 조성하였습니다. 그곳에서 생산된 풍부한 전력과 시라누이해 일대에서 채굴되는 석회암을 원료로 카바이드 제조 등의 전기화학공업을 일으키고, 암모니아, 아세트알데히드, 합성 아세트산, 염화 비닐 등의 개발로, 일본 유수의 규모를 자랑하는 전기화학기업으로 발전하였습니다.

칫소는 제2차 세계대전의 패전으로 한반도와 중국 등 아시아 각지의 해외 자본 전부를 잃었으며, 미나마타의 공장도 미군의 폭격으로 큰 손실을 입었습니다. 그러나 전후戰後에 칫소는 정부로부터 부흥 지원을 받아 급성장하였고 미나마타는 칫소 기업에 의존하는 지역으로 변해갔습니다.

아세트알데히드의 대량 생산을 개시한 1950년경 미나마타만 주변에서는 여러가지 환경 변화가 나타났습니다. 미나마타만 내의 배수구와 가까운 곳에서 오염물이 떠올랐으며, 조개가 사라

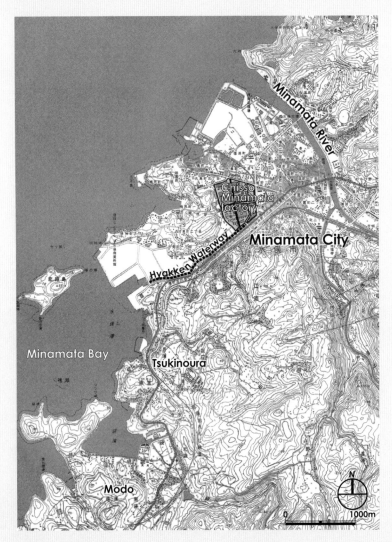

칫소와 미나마타 시

져 버렸습니다. 얼마 지나자 오염은 만湾 전체로 퍼져 나갔습니다. 만 주변에서는 생선이 대량으로 떠오르거나 비틀비틀 헤엄치는가 하면 조개는 입을 닫은 채 죽어 있었습니다. 땅에서는 고양이가 미쳐 날뛰다 바다에 뛰어 들어 죽고, 바다새와 까마귀도 날지 못하고 기어 다니다가 죽어갔습니다.

주민은 바닷물에 이변이 생긴 것이 아닌가 하는 불길한 예감에 휩싸여 있으면서도 생계를 유지하기 위해서 바다에서 생선을 잡아먹고 팔러 나가는 생활을 계속하였습니다.

1956년 4월 21일. 미나마타 연안에서 고기잡이를 하는 어부의 5살 난 딸이 당시 미나마타 지역에서는 의료수준이 가장 높다고 하던 칫소 부속병원에 입원하였습니다. 5살 난 여자 아이는 젓가락을 쓰지 못했고, 똑바로 걷지 못하고 비틀비틀거리고, 발음도 정확하지 않았습니다. 그리고 그런 증상을 가진 아이가 근처에 몇 명 더 있었습니다. 이것을 확인한 칫소 부속병원의 호소카와 하지메細川— 원장은 같은 해 5월 1일 '뇌 증상을 주된 증상으로 하는 원인 불명의 환자가 발생하여 4명이 입원하였다.'라고 미나마타 보건소에 보고하였습니다. 이후 이날은 미나마타병이 공식적으로 확인된 날로 기록되었습니다.

호소카와 하지메細川— 원장의 보고를 받고 지역 사회 관계 기관 대책회의가 열렸으며 지역 의료기관의 진료 기록카드를 철저히 분석한 결과, 1953년 12월에 5살 난 여자 아이가 이미 병을 앓고 있던 사실을 알게 되었습니다. 이 여자 아이가 미나마타병

칫소가 들어오기 전의 미나마타만은 비옥한 바다였다.
ⓒ 기타오카 히데오 (北岡秀郞, Hideo Kitaoka. 이후 모든 사진의 저작권 소유)

칫소가 들어오기 전의 미나마타만은 '신들이 머물렀던 곶岬'이었다.

제1호 환자로 등록된 환자입니다. 그러나 1953년 12월에 환자가 발생하기 전인 1932년부터 수은을 매개로 하는 아세트알데히드의 생산은 시작되고 있었습니다. 그러니까 미나마타병을 앓고 있으면서도 무슨 병인지 모른 채 그냥 지나쳤을 뿐 실제로 미나마타병은 1953년 이전부터 발생했다는 지적도 있습니다.

2) 환자 발생의 원인 규명

심각한 '이상한 병'이 발생하자, 구마모토대학은 의학부를 중심으로 연구반을 결성하였습니다. 구마모토대학 연구반에서는 환자를 입원시켜 역학 조사와 병리해부를 하였습니다. 그 결과 1956년 11월에 '원인은 어느 중금속 종류'이며 인체로의 진입 경로는 '어패류'라는 것을 밝혀냈습니다. 이때 질병을 일으키는 어패류 섭취를 금지하는 조치 등 적절한 조치를 취했다면 설령 원인 물질을 특정하거나 발병 메커니즘이 해명되지 않았다고 하더라도 환자가 확산되는 것은 막을 수 있었을 것입니다. 이것이 정부와 현이 범한 최초의 그리고 최대의 과오라 할 수 있습니다.

오염원으로 칫소 미나마타 공장이 의심되었으나 칫소는 유기수은이 포함된 폐수를 계속 흘려보내고 있었습니다.

1959년 7월 구마모토대학 연구반은 마침내 유기수은이 원인이라고 발표하였습니다. 그러나 칫소는 즉시 구마모토대학 연구반의 유기수은설은 '과학적 상식으로 납득할 수 없다.'라고 반론하였습니다. 그 외에도 칫소의 가입단체인 일본화학공업회는 '전후에 일본에 떨어진 폭약이 원인'이라고 발표하였으며 정부의 뜻에 동조하는 학자도 '아민(amine) 중독설'을 발표하는 등 여러 가지 반론과 방해 공작이 있었습니다.

그러던 중 구마모토대학 연구반을 중심으로 하는 후생성(현재의 후생노동성) 식품위생조사회 미나마타 식중독부회食中毒部会는 1959년 11월 '미나마타병의 주원인은 미나마타만 주변의 어패류에 포함된 어떤 종류의 유기수은 화합물'이라는 서신을 후생대신에게 제출하였습니다. 그런데 후생성은 서신을 받은 다음 날 이 서신의 내용을 인정하고 싶지 않았는지 오히려 해당 부회를 해산시켜 버렸습니다. 배후에서 칫소는 구마모토대학 연구반의 연구를 반론하면서도 공장 폐수가 섞인 먹이를 고양이들에게 먹이는 실험을 하고 있었습니다. 그리고 1959년 10월에 400 마리에 달하는 고양이가 미나마타병의 증상을 보였지만, 공장은 이 사실을 극비로 한 채 '원인불명'이라 하였습니다. 이같이 구마모토대학 연구반 등의 원인규명에 대해 칫소, 일본화학공업회, 후생성 등은 사실을 은폐하고 반론, 방해공작을 펼친 것입니다.

그러나 구마모토대학 연구반은 연구를 계속 진행하였습니다. 다음 해 구마모토대학 연구반은 미나마타만에서 나는 조개에서 유기수은 화합물의 결정을 추출하였습니다. 게다가 1962년 8월

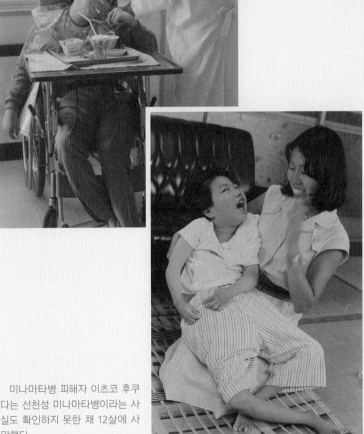

미나마타병 피해자 이츠코 후쿠
다는 선천성 미나마타병이라는 사
실도 확인하지 못한 채 12살에 사
망했다.

에는 칫소의 아세트알데히드 공장의 수은 찌꺼기에서 염화메틸수은을 추출하였습니다. 구마모토 연구반은 1963년 2월 '미나마타병은 미나마타만에서 나는 어패류를 먹은 주민들에게 발생하는 중독성 질환이며, 원인물질은 메틸수은 화합물이다.', '그것은 미나마타만에서 나는 조개와 칫소 미나마타 공장의 슬러지에서 추출되었다.'라고 발표하였습니다. 이는 사실을 은폐하고 반론, 방해공작을 펼친 칫소, 일본화학공업회, 후생성에 맞서 진리를 탐구하는 대학 연구자가 싸워서 얻은 성과이며, 과학적 결론이라 할 수 있습니다.

한편 정부(후생성)는 미나마타병 발생 초기에는 병의 원인 해명에 착수하였으나 미나마타병의 원인 구명이 칫소로 향하자 오히려 원인 은폐로 돌아섰습니다.

1956년에 중금속설이 발표되자 구마모토현은 '식품위생법을 적용하여 미나마타만에서 나는 어패류 채취를 금지했으면 한다.'고 후생성에 조회 서한을 보냈습니다. 이에 대해 후생성은 (정부와 현에서 반반씩 비용보상을 해야 하기 때문에) '미나마타만에서 나는 어패류가 전부 유독하다는 명백한 근거가 없어 적용할 수 없다.'고 회신하였습니다. 또 1958년에 제정된 수질보전법과 공장배수규제법도 적용 않고 칫소의 무처리 배수를 계속 방치하였습니다. 후생성과 과학기술청 즉 정부가 미나마타병을 '칫소 미나마타 공장이 일으킨 공해'라고 인정한 것은 일본 전국에서 아세트알데히드 공장이 없어진 후인 1968년 9월이었습니다.

3) 피해자에 대한 칫소의 불성실한 대응

공장 폐수를 처리하지 않은 채 배출하고 있었기 때문에 칫소가 일으킨 해양오염은 공장 설립 당초부터 시작되고 있었습니다. 그러나 환자 발생이 공식 확인된 것은 1956년이었습니다. 오염이 이미 심각하였다는 것은 다이쇼大正 시대에 미나마타 어협漁協과 어업 피해에 대한 보상 협정을 맺었다는 사실로 알 수 있습니다.

그 후에도 아세트알데히드의 생산은 계속되었고 거기에 비례하여 환자도 증가하였습니다.

미나마타 어협漁協은 보상과 원인 규명을 요구하였습니다. 그러자 칫소는 1958년에 배수 경로를 핫켄百間 배수구에서 미나마타강 하구에 있는 하치만 수영장을 지나 미나마타강에 배출하도록 변경하였습니다. 그러나 정부는 배수 경로를 1959년 11월 본래의 핫켄 배수구로 돌려놓았습니다. 결국 칫소는 오염원에 대한 원인 규명도 하지 않았고 그 후에도 아세트알데히드 생산을 계속하였기 때문에 시라누이해 전역으로 미나마타병의 발생 지역이 확대되어 갔습니다.

이러한 사태 속에서 칫소는 1959년 12월 30일 구마모토현 지사 등의 알선으로 비로소 환자 단체와 협정을 맺게 되었습니다. 그러나 배상이라기보다는 어디까지나 원인 불명이라는 것을 전제로 공장이 환자에게 위로를 표한다는 형태의 '위로금 계약'이었습니다. 칫소는 이미 그 당시에 앞의 고양이 실험으로 자신들이 환자를 발생시킨 범인이라는 것을 알고 있었습니다. 그렇지만 계약 내용은 '①사망자 30만 엔 등의 저액 보상, ②미나마타병의 원인이 칫소라고 판명되어도 새로운 보상은 하지 않겠다, ③칫소가 원인이 아니라고 판명되면 이 보상도 중단하겠다.'같이 아주 부당한 것이었습니다.

　그러나 병으로 일을 할 수도 없고, 치료비도 없이 하루하루 생활하는 데 어려움을 느낀 환자들은 결국 이 계약을 맺었습니다. 그 후에 이 계약은 구마모토 제1차 소송 판결에서 '환자들의 무지와 경제적인 궁핍 상황을 이용하여 극단적으로 낮은 금액의 위로금을 지불하고, 손해배상 청구권을 방기시킨 것'이라 하여,

오염을 일으킨 칫소 미나마타 공장

공서양속公序良俗에 반하므로 무효라고 판결되었습니다.

1959년 7월 구마모토대학 연구반의 유기수은설 발표 등으로 미나마타 어민은 공장의 배수 정화를 강력하게 요구하였습니다. 이에 대해 칫소는 같은 해 12월 배수 정화 장치를 설치하여 미나마타병은 끝났다고 선언하였습니다. 완공식 기자회견에서 공장장은 배수 정화 장치를 통과시킨 폐수라고 하며 컵에 든 물을 마셨습니다. 그러나 그 물은 그냥 수돗물이었으며 배수 정화 장치에는 수은을 제거할 수 있는 장치도 없었고, 배수를 정화할 목적도 없었다는 것이 나중에야 판명되었습니다. 결국 미나마타병의 원인인 유기수은은 정화되지도 않은 채 1966년에 완전 순환식으로 될 때까지 계속 배출되었던 것입니다. 1968년 5월에 아세트알데히드 생산을 정지하고 4개월 후에 정부는 비로소 미나마나병은 칫소가 원인인 공해병이라고 인정하기에 이르렀습니다.

2. 재판의 경위

1) 구마모토 미나마타병 제1차에서 제3차 소송까지

칫소 기업에 의존하고 있던 미나마타 지역에서는 원인이 칫소 공장의 오수汚水임을 알고 있어도 칫소를 상대로 책임을 묻는 것이 간단치 않았습니다. 그러나 칫소의 계속된 불성실한 대응을 보면서 환자들은 정당한 피해 보상을 요구하기 위해서는 재판뿐이라고 판단하였고 재판에 호소하기로 하였습니다.

구마모토 미나마타병 제1차 소송(1969년 6월 제소)의 큰 쟁점은 칫소의 과실 책임이 인정되느냐 마느냐 였는데, 구마모토 지방재판소 판결(1973년 3월 20일)은 칫소에 유죄판결을 내려 과실 책임을 인정하고 1959년의 '위로금계약'도 공서양속에 반하여 무효라고 판단하고, 환자 한 명당 1,600만~1,800만 엔의 손해배상을 인정하였습니다. 이 획기적인 판결 후 칫소는 환자 단체와 보상 협정을 맺었으며, 정부에 의해 미나마타만의 오염 폐기물

처리에 대한 가처분이 인정되었으며, 칫소 사장 등에 대해서도 형사 사건에서의 유죄판결로 이어지게 되었습니다.

구마모토 제2차 소송(1973년 1월 제소)은 미인정 환자의 구제를 필두로 시작되었습니다. 이때 정부의 인정 기준은 엄격했는데, 미나마타병 판단자를 국가가 정한 특정 의학자로 하는 등 '(미인정 환자를) 대량으로 잘라내는 정책'을 취하였습니다. 국가의 인정 기준은 '1977년(쇼와 52년) 판단 조건'으로 불리며 복수의 증상이 나타나야만(복수의 증상 조합) 미나마타병으로 인정한다는 조건으로, 감각장애만으로는 인정하지 않겠다는 엄격한 내용이었습니다. 그러나 제2차 소송에 대한 1979년 3월의 구마모토 지방재판소 판결은 정부의 인정 기준을 인용하지 않고 14명 중 12명을 미나마타병으로 인정하였습니다.

첫 번째 구마모토 미나마타병 재판. 이때 원고들은 슬픔과 고통, 병으로 희생된 사람들을 기리며 평화롭게 살 권리를 요구하면서 싸웠다.

또한 1985년 8월 후쿠오카 고등재판소 판결에서는 팔다리의 지각장애만으로도 오염된 생선을 다량 섭취했다는 등의 역학 조건을 만족시키면 미나마타병으로 인정하였습니다. 이 판결은 '복수의 증상 조합을 미나마타병 인정 조건으로 하며 감각장애 만으로는 인정하지 않는다.'는 정부의 엄격한 인정 기준과 인정 심사회를 비판하는 것이었습니다. 그러던 중 정부의 '대량으로 잘라내는 정책'에 대한 문제점이 집중 조명되었습니다.

승소 판결이 계속되어도 정부(환경청)는 엄격한 기준을 바꾸지 않았습니다. 원고와 변호인단은 환자구제를 위해서는 정부의 책임을 분명히 하고 정부 정책을 전환시킬 필요가 있다고 판단, 구마모토 지방재판소에 대한 대량 제소(1,400명)와 전국적 전개(니가타, 도쿄, 교토, 후쿠오카에서의 제소와 변호인단 전국연락회의 결성)로, 구마모토 미나마타병 제3차 소송(1980년 5월)을 일으켰습니다. 1987년 3월, 이 제3차 소송 제1진에 대한 판결은 정부와 구마모토현의 책임을 인정한다는, 전면 승소 판결이었습니다. 그 후 1990년 9월의 도쿄 지방재판소를 시작으로 각 재판소에서 화해 권고가 이루어졌으며, 1993년 1월의 후쿠오카 고등재판소 재판에서는 종합대책 의료사업의 치료비, 요양수당 플러스 일시금(800만 엔, 600만 엔, 400만 엔)이라는 화해안이 나왔습니다. 그러나 정부는 거부하였습니다.

그 후 1993년 3월의 구마모토 지방재판소 제3차 승소 제2진 판결과 같은 해 11월의 교토 지방재판소 판결에서도 국가와 구

세 번째 구마모토 미나마타병 재판

"오염 제공자인 칫소는 당연히 책임이 있다. 범죄를 은폐하려고 시도하는 중앙 정부와 지방정부도 책임이 있다. 책임져라." 슬픔과 아쉬움을 극복하고 고소인들은 같은 과오를 허용하지 않기로 결의했다.

마모토현의 책임이 인정되어 '역학조건이 있으며, 사지말단부의 곰지락운동四肢末梢優位(뇌의 장애로 일어나는 불수의 운동. 사지 특히 손가락, 손끝, 발끝이 조절이 안 되는 감각장애)이 인정되고 타 질환에 의한 병증이 아니라고 분명히 할 수 있는 것은 미나마타병이다.'라고 판단했습니다. 이렇게 지방재판소들과 후쿠오카 고등재판소에서 정부의 엄격한 기준은 잘못이라는 판결이 여러 번 내려졌는데도 정부는 태도를 바꾸지 않았습니다.

그러나 정부의 책임을 인정하는 지방재판소 판결이 잇따르자, 궁지에 몰린 정부는 1995년 12월에 해결안을 제안하였고, 다음 해 원고 측은 정부 해결안을 받아들여 칫소와도 협정을 맺었습니다. 이 협정은 환자들을 확실하게 미나마타병이라고 인정하지도 않았고 정부와 구마모토현의 책임도 애매모호한 정치적인 해결이었지만, 원고의 고령화와 대다수 원고의 조기 구제를 도모하기 위해 나중에 결성되는 'No More Minamata 미나마타병 피해자·변호인단 전국연락회의(전국련)'의 원고 포함 환자 11,000명은 이 정치적인 해결을 받아들이기로 하였습니다.

2) 간사이 소송 최고재판소 판결(2004년 10월)과 그 이후의 움직임

한편 예전에 미나마타만 주변에 거주하다 간사이関西 방면으로 이사한 미나마타병 환자들이 결성한 간사이 소송 원고단은 정치적 해결이 아니라 어디까지나 법정 판단을 요구하였습니다.

2001년 4월 27일 간사이 소송 공소심 판결(오사카 고등재판소)은 칫소뿐만 아니라 정부와 구마모토현의 책임도 인정하고 감각장애만 있어도 미나마타병이라고 인정하였습니다. 그 후 2004년 10월 15일 최고재판소는 오사카 고등재판소 판결을 지지하며 정부와 구마모토현의 책임을 최고재판소에서 확정하였습니다. 최고재판소는 미나마타병의 임상적 특성에 대해 2001년 오사카 고등재판소의 판단을 인정하였습니다.

오사카 고등재판소의 판결이란 '①미나마타만 주변지역에서 오염된 어패류를 대량으로 섭취한 것을 증명할 수 있고, ②다음 3가지 요건 중 한 가지에 해당할 것'이라는 기준으로 메틸수은 중독을 인정한다는 내용이었습니다.

(ⅰ) 혀끝의 2점식별각(二点識別覺, 2개의 지점을 동시에 찌르고 2개 인지 1개인지 알아보는 감각검사)에 이상이 있는 자 및 손가락 끝의 2점식별각에 이상이 있어서 척추협착 등의 영향이 없다고 인정되는 자

(ⅱ) 가족 중에 인정 환자가 있어서 사지 특히 손끝, 발끝이 조절이 안 되는 감각장애가 있는 자

(ⅲ) 사망 등의 이유로 2점식별각의 검사를 받지 않았을 경우에는 입 주위의 감각장애 또는 시야 주변부가 잘 보이지 않는 구심성 시야협착이 있는 자

즉 최고재판소도 감각장애만으로 미나마타병이라고 인정한

오사카 고등재판소의 판결을 승인한 것입니다.

1996년의 정치적 해결로 미나마타병 문제는 끝났다고 여겨져 왔습니다. 그러나 간사이 소송 최고재판소 판결에 의해 사태는 일변하였습니다. 왜냐하면 2004년 간사이 최고재판소 판결이 정부의 엄격한 판단 기준보다 완화된 조건으로 미나마타병을 인정하였기에 정부의 기준이 개정되어 새로운 구제를 받을 수 있다는 기대가 확대되었고 인정 신청자가 급증한 것입니다.

그러나 정부(환경성)는 '최고재판소 판결이 정부의 인정기준을 직접 부정한 것은 아니다.'라고 발뺌하듯 정부의 판단 기준을 개정하려고 하지 않았습니다. 결국 수차례에 걸친 소송과 최고재판소 판결에도 정부는 미나마타병 환자의 근본적인 구제를 거부하는 태도를 분명히 한 것입니다. 이러한 정부의 태도에 대해 정부를 움직일 수 있는 것은 재판 밖에 없다는 인식이 생겨났고, 직접 정부를 상대로 재판을 일으켜 구제를 요구하는 미나마타병 환자들이 늘어났습니다.

그리고 2005년 10월 3일 새로이 시라누이환자회 회원으로 결성된 50명의 원고단이 구마모토 지방재판소에 'No More Minamata 국가배상 등 소송'을 새롭게 제기한 것입니다.

2장

'No More Minamata
국가배상 등
소송 투쟁' 기록

1. 재판에서 지향한 것

　No More Minamata 국가배상 등 소송은 사법제도를 활용하여 대량·신속한 피해자 구제 실현을 지향하였습니다. 앞에서 서술한 1996년 정치적 해결로 약 만 명의 피해자가 구제받았습니다. 그렇지만 여전히 구제받지 못한 피해자가 많을 거라고 예상하였습니다. 그 이유는 오염이 심각했던 시기에 시라누이해 연안 지역에는 약 20만 명의 주민이 거주하고 있었고 미나마타만 주변에 오염된 어패류를 다량 섭취한 피해자가 다수 있었음에도 전반적인 오염 실태 조사가 이루어지지 않았기 때문입니다. 또 가해자 측이 구제를 원하는 주민들을 '돈을 원하는 가짜 환자'라고 공격하였기 때문에 차별과 편견을 두려워하여 실명을 밝히지 않는 환자들도 있었기 때문입니다.

　그러나 2004년 간사이 소송 최고재판소 판결로 인정 기준이 완화되었기 때문에 구제를 받을 수 있지 않을까라는 기대가 확산되어 많은 사람들이 인정 신청을 하기 위해 들고 일어섰습니다. 그렇지만 정부는 이 최고재판소 판결에도 불구하고, 인정 기준을 개정하지 않고 충분한 구제책도 취하지 않았습니다. 수만 명에 이르는 피해자를 신속하게 구제하기 위해 입법과 행정 두 방면에서 대응해야 하는데 정부는 그러한 조치를 취하지 않은 것입니다.

미나마타병 시라누이환자회가 중심이 되어 50명이 2005년 10월 3일 정부, 구마모토현, 칫소를 상대로 배상을 요구하는 소송을 구마모토 지방재판소에 냈습니다. 50명이 소송을 냈지만 원고들은 당초부터 소송상의 화해 절차에 따른 대량·신속한 피해자 구제 실현을 지향하였습니다. 그 이유는 피해자 대부분이

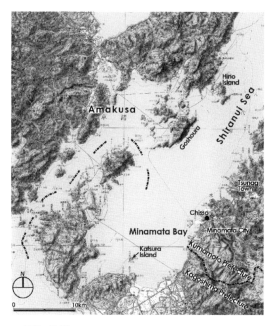

시라누이 해

고령이고 또 수만 명의 미구제 피해자가 있는 상황이므로, 수십 년이 걸릴지도 모를 재판을 기다리다 살아 있는 동안에 구제받지 못하는 불합리한 결과를 가져올 수 있기 때문이었습니다.

'화해'라 하면 동등한 입장에서 합의한다는 것을 의미합니다. 그런데 미나마타병의 경우는 전혀 달랐습니다. 미나마타병 재판 사상 정부가 화해에 응한 적은 한 번도 없었습니다. 미나마타병 제3차 소송에서도 당시의 원고들은 '살아있는 동안에 구제'를 이라는 구호 아래 수상 관저 앞에서 며칠이나 농성을 벌이는 등 필사적이었습니다. 그러나 정부는 화해 협의에는 일절 응하지 않았습니다. 정부를 화해의 테이블에 앉히는 것 자체가 아주 어려운 과제였습니다.

우리들 No More Minamata 소송단은 예전에 정부가 내세웠던 행정의 근간론(국가배상 책임 및 인정 기준은 행정의 근간에 관한 문제로, 화해 협의로는 해결할 수 없다는 견해)은 2004년 최고재판소 판결에 의해 근거를 잃었다고 생각하였습니다. 그리고 수만 명에 이르는 피해자의 신속한 구제를 꾀하는 방법은 소송상의 화해 절차 밖에 없다는 결론에 도달했던 것입니다. 그래서 No More Minamata 소송단의 구상은 소송에 있어서 의사단의 진단서가 정확하다는 철저한 증명으로 대량 제소에 의한 해결을 국가에 촉구하고, 재판소의 화해 권고라는 결단을 토대로 정부와 기본 합의를 하여 화해를 실현한다는 것이었습니다.

제1진 제소 때, 당시 환경대신은 '화해는 하지 않겠다.'라고

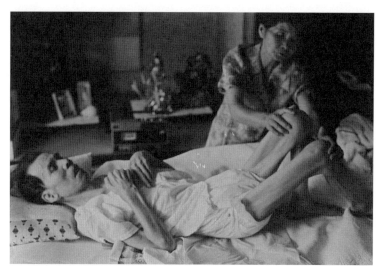

미나마타병 피해자
야헤이 이케다는 병원에 입원하기를 거부하고 하얀 꽃이 활짝 피어 정원을 가득 채운 계절에 집에서 사망했다.

일찍이 거부하였습니다. 원고들은 너무나 애통한 심정이었으나 많은 지지와 격려를 얻어 5년 반에 걸친 투쟁을 계속하여 마침내 2010년 3월에 기본 합의, 2011년 3월에 화해를 실현하였습니다.

2. 재판투쟁의 기록

1) 원고단을 확대하여 단결을 유지한 투쟁

우리들 No More Minamata 소송 원고단의 재판은 2005년 10월 3일 앞에서 서술한 최초의 50명 즉 제1진 원고단이 구마모토 지방재판소에 제소한 데서 시작되었습니다. 그 후 같은 해 11월 14일에는 제2진 원고 503명이 제소하여 재판은 일거에 대규모 소송이 되었습니다.

그런데 미나마타병의 경우는 지역에 여러 개의 환자회가 존재하며, No More Minamata 소송 원고단의 모체인 미나마타병 시라누이환자회는 회원 수로는 규모가 큰 환자회는 아니었습니다. 그리고 여러 개의 환자회 조직 중에서도 재판으로 정당한 보상을 요구하려는 단체의 수가 많지도 않았습니다.

재판이 시작되자 당시의 환경대신은 '원고와는 화해하지 않겠다.'고 잘라 말하고, 재판에 강경한 자세를 나타내었습니다. 환경대신이 재판에 강경 자세를 취할 수 있었던 것은 재판이 아닌 정부가 제시하는 구제책을 받아들이는 입장을 취한 환자회 단체가 여럿 존재하였고, 또 그 단체에 소속된 피해자가 수적으로 다수였기 때문이었습니다.

그래서 No More Minamata 소송 원고단의 투쟁은 정부의 강경 자세를 무너뜨리고 원고단을 정부가 '도저히 무시할 수 없는 교섭상대'로 인식하도록 하는 데서 시작되었습니다.

(1) '모든 미나마타병 피해자의 구제'를 들고 일어선 활동

원고단은 시라누이환자회 회장이며 No More Minamata 소송 원고단장인 오이시大石 회장이 항상 말씀하시던 '모든 미나마타병 피해자의 구제'를 깃발로 내세우며, 우리들의 투쟁이야말로 모든 피해자의 구제로 이어지는 투쟁이라고 호소하며, 시라누이환자회 회원과 No More Minamata 소송의 원고단을 늘려나갔습니다.

어느 시대에도 미나마타병 피해자에게 정보는 충분하지 않았습니다. 특히 현재의 미나마타병에 대한 복수의 보상 제도가 존재하며, 환자회의 사고방식도 다양합니다. 그런 속에서 자신에게도 미나마타병 증상이 있는 것이 아닐까라고 생각한 사람들이 정확한 정보를 요구하며, 여럿이 시라누이환자회에 입회하였습니다.

그러나 시라누이환자회에 입회한 사람들 모두가 No More

Minamata 소송의 원고가 되는 것은 아니었습니다.

'재판을 한다.'는 것은 피해자에게 대단한 용기를 필요로 합니다. 그래서 재판에 대한 저항감을 없애고 많은 이들이 원고가 될 수 있도록 2009년 1월부터 시라누이환자회 회원의 집을 방문하기 시작했습니다. 원고단은 그 활동을 '조인 2009(Joint 2009)'라 이름 붙이고 약 1,500명이었던 원고 수를 약 반 년 동안에 2,000명으로 늘리는 것을 목표로 삼았습니다. 동시에 긴키近畿 지방에 거주하는 피해자를 중심으로 오사카 지방재판소에도 제소하였습니다. 원고 수를 늘이기 위해 시라누이환자회 회원의 호별 방문, 지역 집회와 원고 자신의 친족과 친구, 지인 중에 미나마타병 증상이 있는 사람을 재판에 참가하도록 호소하였습니다. 또 지역에 검진을 호소하는 전단지를 돌리고, 거리에서 선전활동을 하는 등 아직도 목소리를 내지 못하고 있는 잠재 피해자들을 찾는 데 노력하였습니다.

또 여태까지는 미구제자에 대한 조사를 하지 않았던 맞은 편 강가의 아마쿠사天草 지역에도 미구제 피해자가 많이 남아 있지 않을까, 이런 추측 아래 같은 해 4월 1일에는 가미아마쿠사시上天草市 류가타케마치龍ヶ岳町 히노시마樋島에서 주민들에게 재판 설명회를 실시하였습니다. 100명을 넘는 대부분의 주민들이 참가하여 재판 설명에 열심히 귀를 기울였습니다.

그 후에도 각지에서 계속적으로 집회를 열었는데 히노시마에서의 집회는 아마쿠사 지역에서의 피해자 발굴이 필요하다는 것을 통감케 하였습니다. 이러한 활동 결과 2009년 7월 말에는 원고 수가 약 1,900명까지 늘어나게 되었습니다.

원고 수를 비약적으로 키운 계기는 2009년 9월 시라누이해 연안 주민 건강조사(대검진)였습니다. 대검진은 미나마타병 환자 7단체 및 미나마타병 현민회의 의사당, 전일본민의련, 지역 의사회 유지 등으로 구성된 실행위원회(실행위원장·하라다 마사즈미原田正純 구마모토 학원 대학 교수)가 주체가 되어 이루어졌습니다. 그 중에서도 시라누이환자회는 검진 설득을 대대적으로 행하여 아마쿠사 지역에서도 적극적으로 검진 수진자를 모집하였습니다.

대검진에는 전국에서 약 140명의 의사를 비롯하여 약 600명의 의료진이 참가하였습니다. 이들 의사와 의료진은 구마모토, 가고시마 두 현을 17군데로 나누어, 2009년 9월 20, 21일 이틀간에 약 1,000명을 검진하였습니다. 대검진에서는 다수의 잠재 피해자가 자신들의 증상을 자각하고, 보상을 요구하기에 이르는 커다란 수확이 있었는데, 대검진이 초래한 것은 그것만이 아니었습니다. 대검진을 위해 전국에서 다수의 의사와 의료진이 모임으로써, 미나마타병 진단에 관한 이해가 전국적으로 깊어지고, 이후의 도쿄에서의 제소로 이어지게 되었습니다. 또 시라누이해 연안 지역에서 도쿄와 오사카 등 먼 지역으로 이사한 피해자가 미나마타병 검진과 치료를 받을 수 있는 의료 기관도 늘어나서 피해자들에게 커다란 힘이 되었습니다.

대검진 후 재판 설명회를 각지에서 열성적으로 전개하였고 재판만이 정당한 보상을 얻기 위한 유일한 방법이라고 호소하였습니다.

그 중에서도 정부가 미나마타병 환자를 선을 그어 구분함에 따른 보건 수첩과 미나마타병 인정 신청자 치료 연구사업 의료 수첩(인정 신청자에 대하여 인정 심사회의 결론이 나올 때까지 의료비 보장을 위해, 원칙적으로 인정 신청 후 1년 경과 후에 발행되는 수첩) 교부를 받을 수 없는 지역의 피해자는 마지막 희망을 재판에 맡기는 형태로 제소를 결의해 나갔습니다. 그 결과 대검진 후인 2009년

피해자들의 모임
미나마타병 피해자들은 미나마타가 반복되는 걸 막기 위해 "바다를 돌려 달라! 몸을 돌려 달라!"고 요구했다.

11월 18일에 원고 수 2,000명 돌파에 성공하였습니다.

이렇게 원고 수를 확대해 나갔을 뿐만 아니라, 지역에서의 설명회와 집회를 거듭하여, 원고의 단결을 유지함으로써 원고 한 사람 한 사람이 재판에 대한 확신이 생겨나게 되었습니다.

(2) 원고단 와해시키기와의 투쟁

2008년 말부터 2009년에 걸쳐 당시의 미나마타병 문제 여당 프로젝트팀은 구제 수준으로서는 너무나 불충분한 해결책을 내세웠습니다. 더욱이 2009년 7월 8일 칫소의 분사화分社化를 주요 내용으로 하는 미나마타병 피해자의 구제 및 미나마타병 문제 해결에 관한 특별조치법을 성립시키는 등 정부는 우리들 원고단을 와해시키는 데 착수하였습니다.

그러나 원고단이 와해되는 일은 없었습니다. 원고단 확대를 계속하고 원고 단결을 강화시킴으로써 정부의 의도를 깨뜨렸습니다. 그리고 정부에 의한 미나마타병 환자 선긋기에도 아랑곳하지 않고 원고단을 확대하고 어떠한 와해 작전에도 굴하지 않고 원고단이 단결을 계속 유지해나가자 정부에게 원고단은 '무시 못하는 집단'으로 자리잡게 되었습니다.

특히 지금까지 미나마타병 피해자는 존재하지 않는다고 여겨왔던 아마쿠사天草 지역에서 다수의 피해자가 재판에 나선 것은 정부에게도 위협이 되었음에 틀림없습니다. 피해 확대를 예측할 수 없기 때문입니다. 원고단의 기세를 멈추기 위해서는 원고단

피해자들의 모임
미나마타병 피해자들은 미나마타가 반복되지 않으리라는 희망을 품고 여러 장소에서
가까운 이웃들과 수없이 모임을 가졌다.

과 교섭하여 조기에 재판을 종결지을 수밖에 없었습니다.

'확대'와 '단결'로 맞서 싸워온 결과는 '원고단과는 화해하지
않겠다.'고 잘라 말했던 정부의 태도 변화였습니다. 그 결과 재
판은 화해 협의에 들어갔고 특별조치법에 근거한 구제 수준도
사실상 재판에서 합의되는 결과가 되었습니다.

그 후 도쿄 지방재판소에 대한 제소도 실현되었고, 투쟁은 전
국으로 확대되었습니다. 원고단은 명실상부 미나마타병 피해자
를 주도하는 단체가 된 것입니다.

2) 쟁점과 소송 활동

(1) 쟁점으로서의 병상

No More Minamata 소송에서는 '원고 한 사람 한 사람이 미나마타병인가 아닌가'가 주요 쟁점이 되었습니다. 이 쟁점은 기본적으로는 다음의 3가지로 나눌 수 있습니다.

①미나마타병은 실태 상 어떠한 병인가(미나마타병의 증후)
②그 실태에 근거하여 미나마타병인지 아닌지를 어떻게 진단하는가(진단 방법과 진단 기준 등)
③그 진단 기준에 비추어 원고 한 사람 한 사람은 미나마타병이라 진단 가능한가

①과 ②는 모든 원고에게 공통되는 문제(증상 총론)인 반면에 ③은 개별 원고에 관한 문제(병상 각론)라 할 수 있습니다.

(2) 공통진단서 책정

No More Minamata 소송의 원고 수는 2006년 4월 시점에서 1,000명을 넘어 그 후에도 계속 증가할 것이라고 예상되었습니다.

그러나 다수의 원고 한 사람 한 사람이 미나마타병인지 아닌지를 법원 판단에 맡기기 위해서는 상당히 오랜 시간이 걸리지

않을까 우려되었습니다. 그래서 진료 방법과 진단서의 서식을 통일시킨 '공통진단서'를 사용함으로써 신속하고 적절한 판단이 가능하다고 주장하였습니다. 공통진단서란 당시 구마모토 학원대학에서 미나마타학을 담당하고 있던 하라다 마사즈미原田正純 교수의 주도로 오랜 시간 동안 미나마타병 환자의 치료와 연구에 종사해온 의사와 유지들이 검토를 거듭하여 정리한 미나마타병 진단서입니다. 거기에 모인 멤버들의 생각은 미나마타병의 공통진단서를 책정함으로써 미나마타병 피해자의 신속하고 적절한 구제를 실현하고자 하는 것이었습니다. 검토 결과 ①미나마타병 진단기준, ②진단에 필요한 공통되는 진찰 순서, ③진단서 서식이 완성된 것입니다.

따라서 공통진단서는 현재의 미나마타병 진단에 관한 집대성이라 부를 만한 것입니다.

이 공통진단서의 특징으로 다음의 3가지를 들 수 있을 것입니다.

첫 번째로 이것은 일반적인 메틸수은 중독증의 진단기준을 제시하는 것이 아니라 어디까지나 칫소의 폐수로 인한 거대한 환경오염에 의해 발생한 공해병 진단에 관한 것입니다.

두 번째로 공통진단서의 작성 순서에 나타난 미나마타병의 진단 기준은 미나마타병 환자들이 투쟁해온 과거의 재판 판결에 입각하여 책정되었다는 점입니다. 즉 이 진단 기준의 정확성은 사법의 장에서 이미 확인된 것이며, 재판소에서의 적절한 피해

구제로 이어지는 기준을 제시한 것입니다.

세 번째로 다수의 원고를 신속하고 적절하게 구제하는 데에 필요하고 충분한 진찰 항목을 엄선했다는 점입니다. 이 공통진단서에 기재되어 있는 항목을 점검함으로써 원고 한 사람 한 사람이 미나마타병이라고 진단 가능하며 피해 정도도 파악할 수 있게 고안한 것입니다.

원고단은 원고 전원에 대해 이 공통진단서 서식에 근거하여 개별 진단서를 작성하여 재판소에 제출하기로 정했습니다. 원고 한 사람 한 사람이 미나마타병 환자임을 입증하는 것은 이 진단서만으로 충분하다고 생각했기 때문입니다.

(3) 다카오카 시게루高岡滋 의사의 증인 심문

공통진단서가 신뢰할 만하다는 것을 분명히 하기 위해 원고단은 다카오카 시게루 의사의 증인 심문을 요청하였습니다. 다카오카 의사는 오랫동안 미나마타병 환자의 진료 및 연구를 미나마타 현지에서 실시하고 공통진단서 책정에서도 중심이 된 인물입니다. 이 중요한 증인 심문은 2007년 7월 25일부터 시작되어, 주 심문 3회, 반대 심문 4회에 걸쳐, 2009년 7월 3일에 완료되었습니다. 2년 동안의 증인 심문에서 명백해진 미나마타병의 최신 병상론은 정말이지 미나마타병 재판사상 기록될 만한 귀중한 심문이 되었습니다. 본래 미나마타병은 인류가 처음 경험한 미증유의 공해병입니다.

그 실태에 관해서는 시라누이해 연안지역에서 건강 장애를 호소하는 다수의 환자 중에서 찾아낼 수밖에 없습니다. 미나마타병의 전모를 명백하게 할 조사 연구는 아주 불충분했지만, 후지노 타다시藤野紀 의사의 가쓰라지마桂島에 관한 역학 연구인 '만성 미나마타병의 임상 역학적 연구'로 대표되는 현민회의 의사단 등에 의해 미나마타병의 실태가 명백해지기 시작하였습니다.

다카오카 의사의 증언에서는 이러한 역사와 자신의 최신 의학적 연구 결과에 근거하여, 미나마타병은 사지말초 우위의 표재 감각장애와 전신성의 표재 감각장애 등이 특징적으로 인정되어 메틸수은에 노출된 사람에게 이러한 증후가 인정되면 미나마타병이라고 진단 가능하다는 것이 명백해졌습니다. 이에 대해 정부, 구마모토현, 칫소는 '전신성 감각장애라는 것은 대뇌 등의 병리 소견과 모순되는 것이 아닌가.'라고 주장하였지만 다카오카 의사는 자신들의 관찰과 다른 의사의 관찰로도 전신성 감각장애라는 현상이 확인되었으며 그 현상을 아주 중시해야 한다고 반론하였습니다.

재판소에 제출한 공통진단서는 진찰 방법, 정상 혹은 이상 판정 방법, 진단 기준 및 진단서의 서식이 통일되어 그것을 기준으로 작성되었습니다.

다카오카 의사의 증언으로 감각장애 진찰은 원칙적으로 연필과 바늘을 이용한 일반적인 수법과 감각 검사의 수치화(정량화)와 비오염 지역의 조사 등에 관한 연구 성과에 입각하여 진찰 방법과 이상 판정을 통일시킨 것임이 명백해졌습니다.

이에 반해 피고인 정부측은 '감각장애의 소견에는 객관성이 부족하다.'라는 등의 주장을 하였지만 다카오카 의사는 연필과 바늘을 이용한 2점식별각의 감각장애 유무의 체크는 신경내과의 기본이며 피고들의 주장은 의학을 부정하는 것이라고 강력하게 반론하였습니다.

또 피고들은 다카오카 의사에게 '의학적으로 합의를 얻고 있는가?'라든지 '교과서에 나와 있는가?' 등을 반복하여 질문하였으나 다카오카 의사는 미나마타병은 인류가 처음 경험하는 미증유의 공해병으로 임상역학적인 연구라 할 만한 것이 없어 의학적 합의를 얻을 수 없고 따라서 교과서라 할 수 있는 것도 없다고 하였습니다. 뿐만 아니라 정부가 정한 '1977년(쇼와 52년) 체제 조건' 즉 정부의 엄격한 인정 기준이 오히려 광범위한 피해 실태를 명확하게 하기 위한 의사들의 임상 연구에 방해가 된다는 점 등을 들어 반론하였습니다.

미나마타병의 피해를 축소시킨 1977년 체제 조건을 고집한 나머지 현실을 외면하는 피고들의 불합리한 태도가 수면 위에 오른 증언이었습니다.

다카오카 의사는 제1진 원고 50명 환자 모두가 공통진단서와 근거가 되는 문진표, 진단기록표 등에 입각하여 '미나마타병이다.'라고 증언하였습니다.

이에 대해 피고들은 원고들의 병은 '다른 질환과 요인에 의한 것이다.'라고 주장하였으나 다카오카 의사는 공통진단서의 서식 자체가 다른 질환과의 감별이 가능한 항목을 갖추고 있을 뿐 아니라, 공통진단서 작성에 있어서 의사가 충분한 감별진단을 하고 있다는 점을 분명히 함과 동시에 제대로 되지 않은 감별 진단을 주장하고 있는 것은 오히려 피고 측이라고 반론하였습니다.

이상과 같은 다카오카 의사의 증인 심문을 통해 공통진단서의 신뢰성이 입증된 점은 그 후의 피고들과의 화해 협의에서 규칙을 만드는 데 큰 힘을 발휘하였습니다. 피고들은 화해를 위한 규칙으로 '구제 대상자의 판정 자료는 공통진단서가 아니라 피고 측이 지정하는 의사가 진단한 공적 진단서를 기초로 하는 것'을 염두에 두었던 것 같으나 최종적으로는 '공통진단서와 공적 진단서 둘 다를 판단 자료로 할 것'으로 합의를 보았습니다. 이것은 공통진단서에 기재된 의사의 소견을 신뢰할 수 있다는 것을 전제로 한 규칙이며, 다카오카 의사의 증인 심문이 성공하지 않았다면 실현 불가능했을 것입니다. 이렇게 다카오카 의사의 증언은 미나마타병 피해자의 구제를 실현하는 데 있어서 또 하나의 큰 성과라 할 수 있습니다.

(4) 후지키 모토오藤木素士 박사의 파탄(2009년 11월 13일 증인 심문)

No More Minamata 소송에서는 미나마타병의 병상에 관한 쟁점 외에 소멸시효와 제척기간(除斥期間, 민법 제724조)의 규정에 따라 정부, 구마모토현, 칫소가 손해배상 책임을 피할 수 있는지 어떤지도 중요한 쟁점이 되었습니다.

정부와 구마모토현은 재판이 시작되고 나서 약 1년 후인 2006년 11월 20일 단계에서 원고는 미나마타병의 증상이 나타나고 20년이 지나 제척기간이 경과하였기 때문에 정부, 구마모토현은 손해배상 책임을 지지 않는다고 주장하였습니다. 또 칫소도 2006년 9월 28일 단계에서 정부, 구마모토현과 같이 20년의 제척기간을 주장하고, 미나마타병 제1차 소송 이래 한 번도 주장하지 않았던 '3년의 소멸시효 경과'를 갑자기 들고 나와 이를 이유로 손해배상 책임을 지지 않는다고 주장하였습니다.

특히 칫소는 '간사이 소송 최고재판소의 결론을 보고 마음이 바뀌었다고밖에는 할 수 없는 원고들의 갑작스런 청구는 (중략) 도저히 받아들일 수 있는 것이 아니다. 1996년 전면 해결(1996년 정치적 해결을 의미하고 있다고 판단됨)에 이르기까지 오랜 기간 피고 칫소에 대해 배상과 보상을 요구해온 사람들과 달리 이른바 권리 상 잠자고 있는 것처럼 일상을 보내며, 전면 해결 때조차 어떤 행동도 하지 않다가 지금에야 갑자기 소송을 제기하는 본 건의 원고들을 시효, 제척의 관점에서 똑같이 논하는 것이야말로, 현저하게 합리성을 잃었다.'며(2007년 4월 27일자 준비 서면 (4)), 소멸시효와 제척기간을 전면적으로 주장하였습니다. 이들 주장은 시간의 경과만을 이유로 책임을 회피하려는 것으로 용서하기 어려운 것이었습니다.

이러한 정부, 구마모토현, 칫소의 주장은 2004년 간사이関西

소송 최고재판소 판결에서 일정한 범위에서 인정된 제척기간 판단을 근거로 하는 것이었습니다. 간사이소송 최고재판소 판결은 미나마타 지방에서 간사이 지방 등으로 멀리 이사한 원고들에 대해 '이사한 시기로부터 24년 이내에 인정 신청을 하지 않은 경우'에는 가령 그 원고가 미나마타병 피해자라고 하더라도 제척기간에 따라 정부, 구마모토현은 손해배상 책임지지 않는다고 판결한 바 있습니다.

그러나 판결은 차별과 편견으로 괴로워하면서도 미나마타병 피해자라고 목소리를 내지 못하는 피해자의 현실을 직시하지 않은 판단으로 너무나 부당하다는 점은 더 이상 말할 필요도 없습니다. 그렇지만 현실적으로 이 판결에 제척기간이 판시되어 있고, 더욱이 많은 재판관이 최고재판소의 판례에 따르는 경향이 강하므로, No More Minamata 소송에서도 제척기간의 문제가 중요한 법률상의 쟁점이 될 것으로 예상되었습니다.

정부, 구마모토현은 다카오카 시게루 의사의 증언을 반격하기 위해 후지키 모토오의 증인 심문을 준비하였습니다. 이 후지키 증인은 원래 미량의 수은 측량에 관한 연구자였는데, No More Minamata 소송에서 미나마타만의 어패류에 포함된 수은 농도, 주민의 머리카락에 포함된 수은치, 신생아 탯줄에 포함된 수은치 등의 조사 결과를 기준으로, '아세트알데히드 생산을 정지한 1969년 이후에는 메틸수은에 의한 오염은 없다.'고 증언하였습니다. 사실 후지키 증인은 이른바 미나마타병 제3차 소송 때부터 정부 측의 증인으로 '1955년경의 과학적 식견에서 보면 정부와 구마모토현은 미나마타병 피해 확대에 책임이 없다.'는, 즉 정부와 구마모토현의 책임론을 부정하는 근거를 계속 주장한 인물이었습니다.

No More Minamata 소송에서 1969년 이후 미나마타병을 일으킬 만한 오염은 없었다는 그의 주장은 원고 전원에 대한 20년간의 제척기간 경과라는 근거로 이용되었습니다.

그러나 후지키 증인의 '1969년 이후에는 미나마타병을 일으킬 만한 오염은 없다.'라는 증언은 1969년 이후에 태어난 주민에게도 미나마타병 증상이 보인다는 의사들의 견해를 정면에서 봉쇄할 수는 없었습니다.

2011년의 화해 해결에서 시간의 경과를 이유로 화해 거부된 원고가 없다는 점, 또 1969년 이후에 태어난 원고도 일부이긴 하나 미나마타병 피해자로 화해의 대상이 되었다는 점에서 후지키 증인의 증언은 전면적으로 부정되었습니다. 물론 No More Minamata 소송이 승리 화해로 종결되었기 때문에 후지키의 증언은 재판소의 판단으로 제시되지도 않았습니다.

No More Minamata 변호인단은 소멸시효, 제척기간의 쟁점에 관해 다른 소송 사례를 바탕으로 심포지엄도 개최하였습니다. 또 여러 명의 학자와 변호사의 도움으로 미나마타병의 원인 구명을 방해하고 피해를 감춰 온 가해자 측의 시효, 제척의 주장 자체가 권리의 남용이라는 점, 시효와 제척의 기산점을 진단 시와 인정 시로 파악하여 모든 미나마타병 피해자에 대한 배상을 인정해야 한다는 준비 서면을 제출하였습니다.

정부가 주장하는 시효, 제척의 쟁점을 돌파하기 위한 가장 본질적인 포인트는 '아직까지도 구제받지 않은 미나마타병 피해자가 다수 존재하고 있음을 사회적으로 명백하게 하는 것'이었습니다. 그런 의미에서 최종적으로 3,000명 규모로 원고단을 조직한 원고단 확대 및 확고한 단결 유지를 위한 시책과 의료진의 지원과 결속에 따른 미나마타병 환자 찾아내기 운동, 즉 2009년 9월 20, 21일에 걸쳐 합계 1,044명을 대상으로 이루어진 시라누이해 연안 주민 건강조사(앞에서 서술한 대검진)의 성공이야말로 정부, 구마모토현, 칫소의 시효, 제척의 주장을 돌파하는 최대의 열쇠가 되었습니다.

3. 전국적인 운동의 전개

1) 미나마타병은 끝나지 않았다—미나마타 전국 종단

말할 필요도 없이 우리들의 투쟁은 2004년 간사이 소송 최고 재판소 판결을 계기로 들고 일어선 피해자들이 일으킨 것이었습니다. 그러나 정부가 1996년 정치적 해결로 다수의 미나마타병 피해자들에 대한 구제를 꾀하게 되자 전국적으로는 미나마타병은 끝났다는 인식이 일반적이었습니다. 우리들의 투쟁은 그 여론을 움직여 지금도 미나마타병의 피해자가 다수 남아 있으며 그들을 구제할 필요가 있음을 알리는 것부터 시작되었습니다. 그래서 우리들은 2008년 5월 16일부터 약 2개월에 걸쳐 구마모토에서 홋카이도北海道까지 '미나마타병은 끝나지 않았다.'를 구호로 내걸며 미나마타 전국 종단을 실시하였습니다.

미나마타 전국 종단 출발식 날은 No More Minamata 소송의 제13회 구두 변론에서 원고단의 대다수를 진단한 다카오카 시게루 의사의 증인 심문이 채택된 의미있는 날이기도 하였습니다. 이 전국 종단은 구마모토 지방재판소 앞에서 출발하였는데, 전국 종단 대열에는 원고단과 변호단만이 아니라, 미나마타병 투쟁 지원 구마모토현 연락회의에 소속된 간호사도 참가하여 전국 종단에 참가한 원고의 건강 악화에도 대비하였습니다.

2008년 5월 18일 후쿠오카현을 시작으로, 제1진은 히로시마현, 오카야마현, 효고현, 오사카부, 교토부, 아이치현, 가나가와현의 8부현을 돌며 현청 방문과 지원 단체에 지원 요청, 가두 활동 등을 정력적으로 행하였습니다. 참가한 원고는 '감각장애'라는 외관상으로는 알 수 없는 미나마타병의 증상을 구체적으로 주장하였습니다. 피해자의 목소리는 미나마타병을 모르는 사람들에게 충격을 주었고, 미나마타병 공식 인정으로부터 50년이 지났어도 미나마타병 피해자가 고통 속에 살고 있다는 것을 각인시켰습니다. 각지의 매스컴도 미나마타 전국 종단을 화제 삼아 보도하였습니다. 그러한 높은 관심은 우리들도 놀랄 정도였습니다. 그리고 2008년 6월 2, 3일의 전국 공해 피해자 총행동을 중간 지점으로 하여 6월 12일부터 전국 종단 후반전이 시작되었습니다. 후반에는 도쿄에서 대대적으로 미나마타병 피해를 호소한 이후 치바현, 사이타마현, 이바라키현, 도치기현, 군마현, 니가타현, 후쿠시마현, 야마가타현, 이와테현, 아오모리현 10개 현을 거쳐 홋카이도로 입성하였습니다.

우리들이 홋카이도를 목적지로 한 이유는 2008년 7월에 홋

미나마타 전국 종단 출발 기념식

카이도에서 도야코洞爺湖 G8 확대정상회의가 개최될 예정이었기 때문이며 회의 의장국인 일본에 50년 이상 해결되지 않은 공해 문제가 있다는 것을 세계에 알리기 위해서였습니다. 물론 정상회의 회장에 들어가는 것을 불가능하였으나 홋카이도까지 전국 종단이 이어지고, 삿포로札幌에서의 국제 심포지엄과 오도오리 공원大通公園에서의 릴레이 토크에도 참가하였습니다. 그리고 약 한달 반에 이른 전국 종단은 구마모토에서 멀리 떨어진 홋카이도 땅에서 '미나마타병은 끝나지 않았다.'는 것을 호소하면서 성공리에 막을 내렸습니다.

전국 종단도 후반부로 갈수록 인지도가 높아져 매스컴에서도 크게 보도되었습니다. 전국 종단으로 얻은 것은 전국적인 지원

만이 아니었습니다. 참가한 모든 원고가 여태까지 다른 이에게 말하지 못했던 미나마타병의 피해를 밝혔다는 것과 미나마타병에 공감하는 사람들의 커다란 지원을 실감하고 자신감을 얻은 것이 큰 수확이었습니다. 이렇게 해서 전국적인 지원으로 힘을 얻은 우리들은 그 후에도 현지에서의 선전 행동과 원고단 확대 운동 등 적극적인 활동을 계속하게 되었습니다.

그리고 전국의 공해, 약품 피해 등의 피해자 단체가 모여, 관계 성청과 가해 기업과의 교섭과 궐기 집회, 가두에서의 데모, 선전 활동 등을 행하는 전국공해피해자총행동(총행동)에도 매년 참가하였습니다. 그리고 미나마타병 문제는 총행동에서도 중심적인 과제로 거론되었습니다. 총행동에의 참가는 우리들처럼 공해와 약품 피해로 고통 받는 피해자들과의 연대를 견고하게 하고 전국적인 운동의 큰 거점이 되었습니다.

2) 특별조치법에 의한 막 내리기를 용서치 않는다

2009년 7월 8일에는 '미나마타병 피해자 구제 및 미나마타병 문제 해결에 관한 특별조치법'이 성립하였는데 이 특별조치법의 성립을 저지하기 위한 활동도 우리들의 투쟁을 크게 진전시키는 것이었습니다.

특별조치법은 당시의 미나마타병 문제 여당 프로젝트팀이 제안한 구제책인 칫소의 일시금 지불을 우리들 시라누이환자회가

'최종 해결이 되지 않는다.'며 거부했기 때문에 새롭게 고안된 법이었습니다. 법률의 명칭은 미나마타병 피해자의 구제를 나타내고 있지만, 피해자 구제의 내용은 아주 불충분하며 실질적으로 가해 기업 칫소의 분사화를 위한 법안이었습니다. 피해자 구제의 내용이 아주 불충분하다는 것은 미나마타병의 가해 책임이 있는 국가가 피해자를 선별한다는 것이기 때문입니다. 이는 곧, 피해자 대량 잘라내기로 이어질 게 불 보듯 뻔하였습니다. 일부 피해자 단체는 이를 환영하였으나 우리들은 피해자 구제라는 이름뿐인 가해자 구제, 피해자 잘라내기 법안이라 하여 인정할 수 없었습니다.

우리들은 특별조치법이 여당안으로 국회에 제안되던 2009년 3월부터 저지 행동을 시작하였습니다. 먼저 칫소 분사화가 얼마나 용서되지 않는 것인지를 주장하기 위해 같은 해 3월 4일 구마모토 시내에서 긴급 심포지엄을 개최하였습니다. 이 심포지엄에서 도쿄 경제대학의 요케모토 마사후미除木理史 준교수가 분사화의 틀, 목적, 의미에 대해 알기 쉽게 강연하였습니다.

또 원고단의 더욱 견고한 단결을 위해 때마침 다카오카 의사의 증인 심문이 이루어진 같은 해 3월 13일에는 재판 도중 점심 시간을 이용하여 '특별조치법의 국회 상정에 항의하는 긴급 집회'를 개최하여 특별조치법에 의한 해결이 아닌 재판을 계속해 나가겠다는 우리들의 생각을 분명히 하였습니다.

이때쯤부터 우리들은 가끔 상경하여 국회의원에게 미나마타병 문제의 정당한 해결을 주장해 나갔습니다. 6월 2일에는 긴급 원내 집회를 열어 다수의 야당 의원이 참가하여 우리들과의 연대를 약속하였습니다. 그러자 당시 야당이었던 민주당은 자민당과의 합의를 위해 구마모토 지방구 선출 참의원 의원이 담당하고 있던 '민주당 미나마타병 대책작업팀'의 좌장 자리를 민주당 간부로 교체하였습니다. 결국 합의를 위한 민주당의 움직임에 의해 특별조치법의 성립이 드디어 현실화된 것입니다.

우리들은 마지막까지 포기하지 않고 특별조치법의 부당성을 주장하기 위해 6월 25일부터 국회 앞에서 농성을 시작하였습니다. 또 환경위원회 소속의 국회의원을 중심으로 요청 행동을 하고 아울러 국회 앞에서 선전 행동도 계속해 나갔습니다. 우리들의 행동에 많은 분들이 지지해주셨습니다. 그 중에서도 환경대신이 2005년에 설치한 미나마타병 문제 간담회의 위원이었던 야나기다 쿠니오柳田邦男 씨와 가토 다케코 씨가 특별조치법에 반대하는 의견을 표명한 것은 특별조치법의 불합리성을 널리 알리는 계기가 되었습니다.

특별조치법에 반대하는 환자 단체와 연대하였습니다. 이 때 운동에 공동으로 참가한 니가타 미나마타병 아가노 환자회는 그 후 No More Minamata 미나마타병 피해자·변호단 전국연락회의(전국련)를 결성하고 화해에 이르기까지 공동으로 투쟁하게 되었습니다. 우리들을 지원하는 둘레도 눈에 보일 정도로 커다랗게 요동치게 되었습니다. 농성을 계속함으로써 매일 국회의원과 지원 단체의 간부, 그 밖에 공해 피해자 등 다수의 분들이 응원하러 달려와 주었습니다. 이 때의 연대가 도쿄에서의 지원을 넓히고 이후 도쿄 제소에 크게 도움이 되었음에 틀림없습니다.

특별조치법은 우리들의 철저한 반대를 무릅쓰고 2009년 7월 2일 자민당, 공명당, 민주당의 3당 합의에 이르고 7월 3일에는 중의원에서, 7월 8일에는 참의원에서 각각 가결되어 성립하였습니다. 우리들은 이에 분개하였으나 아이러니하게도 특별조치법이 성립함으로써 미나마타병 문제가 전국적으로 보도되어 사회적 관심을 얻게 되어 이의 해결이 국정의 중요 과제로 되었

거리 캠페인
거리에서 사람들이 성심껏 서명을 하기도 하고 다른 사람들에게 미나마타병 피해자들을 지원해 달라고 호소하기도 했다.

습니다. 또 특별조치법을 저지하는 행동과 민주당의 미나마타병 대책작업팀 소속 국회의원들의 열정적인 설득으로 특별조치법의 내용을 피해자 구제에 더욱 도움이 되도록 보완할 수 있게 되었습니다.

3) 특별조치법 성립 후의 투쟁

특별조치법을 둘러싼 투쟁으로 마지막까지 포기하지 않고 투쟁하는 것이 커다란 성과를 낳는다는 것을 배웠습니다. 이 당시의 특별조치법은 미나마타병 피해자 구제의 틀을 정한 것뿐이었으며 구제 내용은 아직 백지 상태였습니다. 우리들은 재판 외의 피해자를 위해서라도 보다 나은 구제 내용을 쟁취할 필요가 있었습니다. 우리들은 피해자 구제의 수준을 보다 나은 것으로 하기 위해, 특별조치법 이후에도 계속 상경하여 우리들의 생각을 전하는 통신을 작성하여 국회의원에게 호소하였습니다. 원고단을 확대하는 운동도 계속하여 수도 도쿄에서의 제소도 실현하였습니다. 이 활동들이 모여 2011년 승리 화해로 이어진 것은 틀림없는 사실입니다.

그러나 우리들의 투쟁이 이것으로 끝난 것은 아닙니다. '모든 미나마타병 피해자의 구제'를 내걸고, 미구제 피해자가 있는 한 우리는 계속 싸울 것입니다. 그리고 미나마타병의 교훈을 국내뿐만 아니라 세계에도 알려 나가야 할 것입니다.

3장
—

2011년 승리
화해의 내용과 성과

1. 화해 소견에 따른 기본 합의에 이르기까지

2009년 7월 8일에 미나마타병 특별조치법이 성립되자 우리들은 '미나마타병 피해자를 빠짐없이 구제하는 것은 역시 사법司法'이라는 것을 분명히 하고 정부, 현, 칫소에 대해 재판상의 협의에 바탕을 둔 조기 화해를 요구해 가기로 했습니다.

No More Minamata 소송에서도 피고들은 '감각장애만 있고 복수의 증상이 없으면 미나마타병이라고 인정하지 않는다.', '사지말초우위의 감각장애가 아니면 미나마타병 특유의 증상이라고는 할 수 없다.' 등 미나마타병의 증상을 좁게 파악하는 사고방식을 고집하였습니다. 그러나 다카오카 시게루 의사의 증인심문에 근거하여 특별조치법에서는 감각장애만 있더라도 미나마타병이라 하고 전신성 감각장애도 미나마타병으로 인정할 수밖에 없게 되었습니다.

이렇게 하여 피고들이 소송에서 주장하고 있던 큰 쟁점의 2가지는 특별조치법 제정에 따라 실질적으로 결말을 지었습니다.

그래서 원고단은 같은 해 7월 31일에 69명의 추가 제소를 시행함과 동시에 같은 해 8월 9일에는 1,200명이 모여 궐기 집회를 열어 '지금이야말로 피고들은 재판상의 협의에 바탕을 둔 조기 화해의 테이블로 돌아오라!'라는 투쟁을 전개해나갈 것을 결의하였습니다.

같은 해 8월 23일에는 미나마타시에서 구마모토, 긴키, 니가타의 원고단, 변호단과 도쿄의 변호단이 'No More Minamata 피해자·변호단 전국연락회의(이하 전국련)'를 결성하였습니다.(이후에 도쿄 원고단도 가맹.)

전국련은 전국의 잠재 환자를 구제하고 그 후의 화해 협의를 공동 보조로 진행할 때에도 중요한 역할을 수행하였습니다.

같은 해 9월 20, 21일 시라누이해 연안 17군데에서 1,000명을 대상으로 한 연안 주민 건강조사가 실시되었습니다.(하라다 마사즈미原田正純 실행위원장.) 상세한 것은 앞에서 서술했는데 이 조사 결과는 그때까지 행정이 '미나마타병 피해자는 없다.'던 지역과 세대에서도 많은 환자들이 존재하고 있음을 사회적으로 명백하게 하여 피고들을 크게 요동치게 하였습니다.

또한 정부는 같은 해 11월 마침내 재판상의 화해를 향한 원고단과의 사전 협의를 개시하지 않으면 안 되었습니다. 사전 협의에서는 주로 보상 내용과 판정 방법에 관해 협의를 거듭하여 논점을 정리해나갔습니다.

그리고 2010년 1월 22일 구마모토 지방재판소(다카하시 료스

케高橋亮介 재판장)로부터 당사자 쌍방에 대해 해결을 위한 화해 권고가 내려져 즉시 화해 협의에 들어갔습니다. 화해 협의에서는 보상 내용과 판정 방법 외에도 대상 지역과 연대를 어떻게 할 것인지에 관해서도 쌍방의 생각을 재판소에 주장하였습니다.

한편 2009년 2월 27일에 긴키 거주 피해자 12명이 오사카 지방재판소에 제소한 것에 이어 구마모토 지방재판소에서 화해 협의가 개시된 직후인 2010년 2월 23일 간토 거주 피해자 23명이 도쿄 지방재판소에 제소하였습니다. 긴키와 도쿄에서의 제소는 화해 협의의 속도를 가속시켰을 뿐만 아니라 현 외로 이사한 이들의 구제 필요성을 정부에 추궁하게 되었습니다.

3번의 화해 협의를 거쳐 구마모토 지방재판소는 2010년 3월 15일 해결 소견을 제시하였습니다. 해결 소견은 뒤에 서술할 화해의 골자가 되는데, 세 가지(일시금, 의료비, 요양 수당)에 대한 구제 내용을 시작으로 제3자 위원회에 의한 판정 방식, 지역 외 원고를 포함한 판정 방식 등 폭넓은 구제를 요구하는 원고들의 의견을 반영한 것이었습니다. 원고단은 즉시 29군데 지역에서 집회를 열고 약 1,000명이 넘는 원고가 참가하여 해결 소견을 협의하였습니다. 이어서 같은 해 3월 28일 미나마타시 종합체육관에서 1,050명이 참가하여 총회를 열고 압도적 다수의 찬성으로 해결 소견을 수락하기로 결정하였습니다. 피고들도 원고의 해결 소견 수락을 받아들였기 때문에 같은 해 3월 29일 구마모토 지방재판소에서 화해를 향한 기본 합의가 성립하였습니다.

2. 판정 작업에서 화해 성립에 이르기까지

원고단은 원고 전원에게 제3자 진단의 의의와 그 후의 절차에 대해 이해시키면서, 제3자 진단에 임했습니다. 제3자 진단 전에 사망한 원고라도, 생전에 공적인 검진을 받았다면 그 결과를 이용하여 구제 대상이 될 수 있다는 것도 교섭에서 쟁취해내었습니다.

고쇼우라御所浦를 제외한 아마쿠사 등 이른바 대상 지역 외의 원고에 관해서는 미나마타만 주변의 생선을 다량 섭취한 것에 대한 자료 작성과 수집을 하였습니다. 변호사가 원고 한사람 한사람으로부터 이야기를 듣고 진술 녹취서라는 형태로 정리하였고, 또한 변호사와 함께 그 자리에 참석한 구마모토현, 가고시마현의 담당자가 원고를 상대로 구술 조사를 실시하였습니다.

제3자 위원회는 좌장의 요시이 마사즈미吉井正澄(전 미나마타 시장) 외 원고 추천의 의사 2명, 피고 추천의 의사 2명 총 5명으로 구성되어 진단 결과와 역학 자료를 바탕으로 매번 공정하면서도 열렬한 토의를 하였습니다.

제3자 위원회의 판정 결과에 입각하여 30군데의 지역에서 집회를 열어 합계 1,700명을 넘는 원고의 참가로 화해의 여부에 관해 협의하였습니다. 그리고 2011년 3월 21일 아시키타芦北 스카이돔에서 1,512명의 참가로 총회를 열어 압도적 다수로 화해하기로 결정하였습니다. 계속하여 3월 24일에 도쿄 지방재판소, 25일에 구마모토 지방재판소, 28일에 오사카 지방재판소에서 각각 화해가 성립되었습니다.

3. 화해 내용

　보상내용은 ①의료비, ②요양 수당, ③일시금 세 가지에 대한 급부입니다.

　①의료비는 건강보험의 자기 부담분을 정부, 현이 보조해줌에 따라 실질적으로 무료화 되어 평생 안심하고 의료를 받을 수 있습니다.

　②요양 수당은 입원한 경우에 월액 17,000엔, 통원하는 경우 70세 이상이라면 15,900엔, 70세 미만이라면 12,900엔입니다. 이것도 평생 급부라는 점에서 매우 큰 보상입니다.

　그리고 ③일시금 210만 엔에 더하여 단체 일시금 34억 5,000만 엔(긴키, 도쿄를 포함)이 지급되었습니다. 일시금의 액수는 2004년 간사이 소송 최고재판소 판결 수준에 달하지 못하였으나, 의료비, 요양 수당을 포함한 세 가지 급부로 된 점, 제소로부터 5년 반이라는 비교적 단기간에 쟁취한 것을 고려하면 투쟁의 큰 성과라 평가할 수 있습니다.

환경성의 환경보건부장은 '진단을 받는 자가 거짓말을 해도 알아챌 수 없다.', '시라누이해 연안에서는 몸 상태가 좋지 못하면 곧장 미나마타병과 관련시키는 경향이 있다.', '금전적인 요소가 들어간 상태에서 조사했기 때문에 의학적으로 무엇이 원인인지 알 수 없다.' 등 마치 원고들이 '가짜 환자'인 듯 폭언을 해서 물의를 빚기도 하였지만 미나마타병 피해자라는 인정과 화해를 쟁취한 것은 원고들에게 더할 나위 없이 값진 것이었습니다.

기본 합의에서 '피고들이 책임과 사과에 관해 구체적인 표명 방법을 검토한다.'라고 한 것에 입각하여 2010년 5월 1일 내각

2011년 3월 21일 원고단 총회

총리대신으로서는 처음으로 당시의 하토야마 유키오 수상이 미나마타병 희생자 위령식에 참가하여 '미나마타병 피해 확대를 방지하지 못했던 책임을 인정하며 다시 한 번 마음 속 깊이 사과의 말씀 드립니다.'라고 말하고 구마모토현 지사도 같이 사죄하였습니다.

또 '정부는 메틸수은이 건강에 미치는 영향을 객관적으로 명백하게 하는 것을 목적으로 하고 원고들을 포함한 지역 관계자의 협력과 참가 아래 최신의 의학적 지견에 입각한 조사연구를 하기로 하며 그것을 위한 수법 개발을 서둘러 개시하도록 노력할 것이다.'라고 화해 조서에 명기하게 한 것은 '모든 미나마타병 피해자의 구제'를 목표로 하고 있는 시라누이환자회에게 있어서, 시라누이해 연안 주민의 건강조사를 실시하게 하는 데 디딤돌이 되는 것이었습니다.

4. 재판상 화해의 의의

이번 화해는 급부 내용도 물론이거니와 크게 4가지 사항에서 평가할 수 있습니다. 첫 번째로 40년에 걸친 미나마타병 재판사상 처음으로 국가를 재판상의 화해 테이블에 앉히고 원고단과 함께 해결책을 모색하게 한 결과로 얻어낸 점입니다. 2004년 간사이 소송 최고재판소 판결에서 미나마타병의 확대에 관한 정부와 구마모토현의 법적 책임이 단죄됨과 동시에 정부의 엄격한 인정 기준이 사실상 부정된 것을 계기로 원고 50명이 2005년 구마모토 지방재판소에 No More Minamata 소송을 제기하고, '재판소에서 협의하여 대량의 피해자를 조기에 구제하기 위한 규칙(사법 구제 제도)을 정해야 할 것'이라고 제안하였습니다. 가령 미나마타병으로 보상을 받아야 할 피해자가 50명뿐이었다면 전원에 대해 판결을 목표로 한다는 방침을 취할 수도 있었을지 모릅니다. 그러나 2005년 제1진 원고가 제소한 시점에서 이미 1,000명을 넘는 피해자가 구마모토현과 가고시마현에 인정 신청을 하였으며 아직 실명을 공개하지 않은 잠재 환자가 다수 있음은 확실하였습니다. 그래서 수천 혹은 수만의 피해자를 조기에 구제하기 위해서는 정부, 구마모토현, 칫소와 2004년 간사이 소송 최고재판소 판결에 따라 화해하는 것이 필요하고 가능하다고 생각하여 사법 구제 제도의 확립을 제안한 것입니다.

이에 대해 2005년 제1진 제소 당시의 환경대신은 '원고들과는 화해하지 않겠다.'고 공언하였습니다. 그러나 정부는 2009년 미나마타병 특별조치법 제정 후에도 계속 늘어나고 있는 원고단에 대해 '원고와는 재판상의 화해에 의해 해결을 꾀하겠다.'고 방침 전환을 하지 않으면 안 되어 특별조치법의 구체화보다 먼저 원고단과의 화해 규칙을 정하기 위한 협의를 거듭하였습니다. 재판상의 화해를 목표로 삼는 이상 화해 내용에 관해서 원고단의 납득이 불가피해지고, 여기에 특별조치법에 의한 일방적인 판정과의 큰 차이를 낳았습니다. 그 결과 제3자 위원회에 의한 판정이라는, 대량의 원고를 조기에 공정하게 구제하기 위한 룰을 만들 수 있게 되었고, 긴키, 도쿄도 포함한 2,992명의 원고 중, 2,772명(92.6%)이 일시금 등의 대상이 되어, 의료비 대상자 22명과 합쳐 93.3%의 구제를 쟁취할 수 있게 되었습니다.

두 번째로 '"누가 피해자인가"에 관해서는 정부(정부가 지정한 의사)가 정한다.'라는 것이 정부의 일관된 정책이었습니다(행정의 근간론). 이에 대해 원고단은 '최고재판소 판결로 가해자로 단죄된 정부가 "누가 피해자인가"를 정하는 것은 이상하다.'라고 비판하였습니다. 그리고 다카오카 시게루 의사의 증인 심문을 실시하여 현민회의 의사단에 의한 '공통진단서'의 신뢰성을 분명히 하였습니다.

또 정부가 고집해온 병상에 있어서도 전신성 감각장애도 미나마타병이라고 인정하게 하는 등 구제 대상을 확대하였습니다. 이들은 다른 공해 피해자와 약품 피해자 인정의 경우에도 큰 영향을 가져다 줄 것이라 할 수 있습니다.

세 번째로, 아마쿠사를 시작으로 지금까지 대상 지역 외로 여겨져 왔던 지역에서도 약 70퍼센트라는 높은 구제율을 쟁취하여 사실상 대상 지역을 크게 확대한 것으로 평가할 수 있습니다. 지금까지 정부는 행정구역의 선을 그어 지역 외의 사람에 관해서는 메틸수은의 노출이 없다고 하여 구제를 거부해 왔습니다. 그러나 어패류의 섭취 상황에 관한 공술 녹취서 작성과 현의 구술 조사에 동참, 끈질긴 화해 협의를 통해, 여태까지 정부가 '미나마타병 피해자는 없다.'고 했던 지역에 다수의 피해자가 있다는 것을 인정하게 한 것은 지역 외에서의 특별조치법에 의한 구제의 길을 크게 열었다고 할 수 있습니다. 또 지금까지 1968년 말까지 출생한 사람으로 제한했던 노출 시기에 관해서도 1969년 11월 30일 출생으로까지 확대시켰으며 그 이후에 관해서도 일정 조건에서 대상자로 할 수 있게 되었습니다. 이렇게 하여 지역과 연대에 따른 선 긋기를 돌파한 점은 '모든 피해자 구제'를 향한 큰 성과입니다.

네 번째로 시효, 제척 없는 구제를 쟁취한 점에서도 획기적입니다. 칫소는 원고들에 대해 '권리 상 잠자고 있는 자는 보호하지 않는다.'라고 하여 시효에 의한 배상 청구권의 소멸을 주장하였고, 정부, 구마모토현도 이미 미나마타병이 발병하고 20년 이상 지났기 때문에 제척기간에 따라 권리 주장을 인정할 수 없다고 주장하였습니다. 진폐증(직업병, 산재)이나 간염(약품 피해) 등의 재판에서는 제척기간에 따라 원고의 권리주장이 제한되는 경우가 있습니다. 그러나 No More Minamata 소송에서는 '미나마타병 진단의 어려움, 차별, 편견이 뿌리 깊어서 미나마타병이라고 실명을 공개하고 나오는 것이 어려운 점을 감안하면 발병하고 바로 소송을 내는 것이 얼마나 힘든 것인가.'를 명백하게 하며 투쟁하였습니다.

그리고 대량의 피해자들 앞에서 정부는 미나마타병 특별조치법에 제척기간을 설정할 수 없으며 No More Minamata 소송에서도 제척기간에 의한 차별을 언급할 수 없게 되었습니다.

이상 4가지 사항이 No More Minamata 소송 투쟁으로 얻어낸 성과입니다.

결론
———
향후
미나마타병 문제

결론

　환경성은 2012년 7월 31일 미나마타병 피해자 구제 특별조치법에 따른 미나마타병 구제책 신청을 종료하였습니다. 이 단계까지 신청자는 65,151명에 이르렀습니다. 그러나 정부는 신청자 처분의 내용을 명확하게 하려고 하지 않았습니다. 한편, 칫소의 2013년 3월기 연결 결산 등에 따르면 칫소가 특별조치법의 대상자 중 27,770명에게 일시금 210만 엔을 지불하고 있던 것이 판명되었습니다. 그럼에도 미나마타병 특별조치법에 따라 구제 받지 못한 사람들에 대해 환경성과 구마모토현, 가고시마현은 이의신청을 할 수 없다는 태도를 취하고 있습니다. 그렇지만 니가타현에서는 이의신청을 할 수 있게 되었으며 미나마타병을 둘러싼 정부의 대응은 갈라졌습니다.

　또한 미나마타 병 특별조치법의 신청 기간과 관련하여 다음과 같은 문제점이 지적되고 있습니다.

　첫 번째로 오염이 심각했던 시기에 산간 지역에서는 행상으로 오염된 생선이 운반된 역사가 있으며 이에 대한 발굴 조사가 늦어지고 있습니다.

두 번째 구마모토와 가고시마에서 대상 지역 외에 사는 사람들의 발굴 조사입니다. 구마모토에서는 아마쿠사 지역이 그러하며 가고시마에서도 내륙 지역이 그러합니다.

세 번째로 미나마타병이 발병했다고 추정되는 1968년 12월까지는 구제의 대상이나 그 이후 태어난 이는 대상자가 되지 않는다는 점입니다. 2011년 3월의 재판소에서의 화해에서는 이 제한과 두 번째의 제한을 받은 이도 구제 대상으로 삼고 있습니다. 향후에는 미나마타병 특별조치법의 제한을 풀 필요가 있을 것입니다.

미나마타만에서 잡힌 오염된 물고기를 담은 대형 쓰레기통

네 번째로 예를 들면 오염이 심각했던 지역의 쓰나기정津奈木町에서는 이 시기 이후 마을 주민의 절반이 마을을 떠나 도회지로 옮겨 갔습니다. 그 조사는 이루어지지 않고 있습니다.

이러한 문제가 해결되지 않았는데 칫소는 2011년 1월 미나마타병 특별조치법에 따라 'JNC(Japan New Chisso) 주식회사'를 설립하고 같은 해 4월 칫소는 JNC에 전 사업을 양도하였습니다. 더 이상 칫소에게 미나마타병에 대한 책임을 물 수 없게 된 것입니다.

그러나 2004년 10월 15일 최고재판소는 감각장애만 가진 환자에 대해 정부와 구마모토현의 배상 책임을 인정하였습니다. 따라서 감각장애만 가진 미나마타병 환자를 구제하지 않는 한 모든 미나마타병 환자의 구제는 끝나지 않을 것입니다. 또 2013년 4월 16일 최고재판소는 감각장애만 있는 환자라도 정부 인정상 미나마타병이라고 인정하는 판결을 내렸습니다. 따라서 향후에는 감각장애만 가진 환자라 하더라도 재판으로 정부에 의한 미나마타병 환자로 인정받든가 민사상의 손해배상을 청구하는 것도 가능해집니다.

그리고 2013년 6월 20일 48명의 원고가 정부, 구마모토현 등을 피고로 하여 미나마타병 환자로서 손해배상을 요구하는 재판을 구마모토 지방재판소에 제기하였습니다.

정부가 미나마타병을 공식적으로 확인한 것은 1956년 5월 1일입니다. 그 날로부터 57년이 경과하였지만 아직 미나마타병

미나마타병에 대한 국제적 관심
세계 각지에서 온 연구자들은 같은 일이 다른 나라에서도 반복되는 걸 허용하지 않기로
결의했다.

을 둘러싼 재판은 계속되고 있습니다. 마지막 한 사람의 미나마
타병 환자가 구제될 때까지 계속 투쟁해 나갈 것입니다.

'공해는 피해로 시작하여 피해로 끝난다.'라고 하는데, 미나마
타병도 아직 해결을 보고 있지 않기 때문입니다.

일본어 원문

Japanese Version

ノーモア・ミナマタ

司法による解決のみち

水俣病不知火患者会、ノーモア・ミナマタ国賠等訴訟弁護団、
ノーモア・ミナマタ編集委員会 編

目次

まえがき

　水俣病は、人の産業活動が引き起こした極めて悲惨で深刻な人体被害であることから、公害の原点といわれています。

　水俣病は、熊本県水俣市に所在するチッソ水俣工場の廃水中に含まれていたメチル水銀により汚染された魚介類を多食することにより発症する公害病です。1956年5月1日に公式に確認されました。

　チッソは、水俣病の発生を認識していながら、無処理で廃水を不知火海に垂れ流し続けていました。国、熊本県は、水俣病の発生・拡大を防止できたのに、経済成長を優先し、十分な防止策を取りませんでした。その結果、多くの者が被害を受けたのです。

　水俣病は、狂死という重篤な人体被害から感覚障害のみという比較的軽症なものまで症状は多様ですが、病像は未だ解明し尽くされていません。また、濃厚汚染時に不知火海沿岸地域には約20万人の住民が居住しており、多くの者が汚染された魚介類を多食していたことは確実ですが、被害者数は判明していません。行政が全般的な実態調査を怠っているからです。

　水俣病被害者は、被害を否定する加害企業と行政を相手に、半世紀以上にわたって、補償を求めたたかいを続けています。

　被害者が勝訴した最高裁判所判決（2004年10月）、被害者救済のための特別措置法成立（2009年7月）後も、未だ補償を受けていない被害者のたたかいは続いています。2013年6月20日、特別措置法による補償を拒否された48名の被害者が、新たな訴訟を提起しました。被害者のたたかいは、現在も進行中なのです。

　水俣病が極めて複雑で異常な経過を辿ったのは、加害企業と行政が、公害防止と実態調査を怠ったり、被害を矮小化し続けたためです。このような過ちは、負の教訓として、世界の公害防止、被害者補償に生かされなければならないと考えます。

　この本が、少しでも役立てば、幸いです。

園田昭人(弁護士)

執筆者紹介

猪飼隆明

大阪大学名誉教授。歴史家。幕末・維新以降の政治史・思想史・社会運動史を研究。主な著書に、『西郷隆盛』（岩波新書）、『西南戦争―戦争の大義と動員される民衆』（吉川弘文館）、『ハンナリデルと回春病院』（熊本出版文化協会）、『熊本の明治秘史』（熊本日日新聞社）などがあり、水俣病問題については、「水俣病問題成立の前提」、「国策をバックにしたチッソの企業活動」などの論考を発表、またノーモア水俣環境賞の審査委員長をつとめた。

北岡秀郎

1943年熊本市生まれ。高校教師の後、1971年から水俣病訴訟弁護団事務局員。1975年から1996年まで月刊「みなまた」を発行し水俣病問題の発信を続ける。水俣病闘争支援熊本県連絡会議事務局長、ハンセン病国賠訴訟支援全国連事務局長、川辺川利水訴訟支援連事務局長等を歴任。水俣病問題、ハンセン病問題、川辺川ダム問題、原爆被爆者訴訟、原発事故等について刊行物で情報発信を続けている。

板井優

弁護士。水俣病訴訟弁護団事務局長として、水俣市にて8年6ヶ月間弁護士事務所を開き水俣病問題の解決に奔走し、環境を破壊する川辺川ダム建設計画を事実上中止させ、ハンセン病国賠訴訟西日本弁護団事務局長をつとめる。全国公害弁護団連絡会議の事務局長、幹事長、代表委員を歴任して公害問題に取り組む。「原発なくそう！九州玄海訴訟」弁護団共同代表として、原発の廃炉を求めるたたかいに従事している。

はじめに
近・現代日本社会における司法の役割

猪飼隆明

　本書は、一企業が、国策のあとおしを受けて展開した生産活動が、地域住民や労働者に「水俣病」というきわめて深刻な被害をもたらした事実を明らかにし、被害者の救済のための、司法を中心とした、広汎かつ息の長いたたかいの姿を描こうとするものである。わたしたちが、この司法の場をたたかいの場としてきたことの意味と意義を明らかにするために、日本における、とくに明治維新以降の近代社会において司法がいかなる位置にあったのか、第二次世界大戦後、それはどのように変化し今に至っているのか、このことに触れておくことにしたい。

1）近代日本の司法制度

　近代日本の司法制度は、1868年閏4月21日に公布された「政体書」（Constitutionの邦訳）において、権力は太政官に集中していながら、近代的法制度にならって、行政・司法・立法の三権の「分立」を規定し、大坂・兵庫・長崎・京都・横浜・函館に裁判所を設置したことに始まるが、この裁判所は地方行政機関と同義であって、独立した司法機関ではなかった。これは、廃藩置県直後の1871年7月9日に司法省が設立され、司法省裁判所・府

県裁判所・区裁判所が設置されて以降もこの地方行政機関的性格は引き継がれたといえる。

　そうした性格をいくぶんでも克服して近代日本司法制度体系化の第一歩となったのは、1875年4月1日に大審院が設置され、裁判権が司法卿からここに移ってからである。すなわち、この時、大審院

　　—上等裁判所（東京・大阪・長崎・福島〈のち宮城〉）—府県裁判所（翌年地方裁判所に）の序列がつくられ、大審院諸裁判所職制章程・控訴上告手続・裁判事務心得がつくられたのである。

　その後、自由民権運動の高揚に対抗して政府は、1880年7月17日に刑法・治罪法を公布した。この刑法は罪刑法定主義をとり、身分による刑罰の相違を廃し、いっぽう罪を重罪・軽罪・違警罪にわけた。また治罪法によって、刑事裁判手続、裁判所の種類・構成等を規定し、それぞれの罪ごとに、始審裁判所から大審院にいたる控訴・上告のシステムがつくられた。

　このように、根本法たる憲法の制定に先立って司法制度の基礎が、国民の運動との対抗の中でつくられたのである。そして、裁判所官制が制定されて、裁判官・検察官の登用、任用資格、裁判官の身分保障、司法行政の監督の系列がつくられるのは1886年5月のことであり、大日本帝国憲法の発布をうけて、かつ1890年の帝国議会の開会を前に、裁判所構成法、民事訴訟法、刑事訴訟法が相次いで制定されるのである。1893年3月公布された弁護士法については後に触れる。

2）弁護士制度時代

（1）代言人制度時代

　さて、司法の場と司法の外（地域や社会）とを結びつける役割を演じるのが弁護士であるが、いかなる制度的特徴をもっていたか。

　弁護士は当初は「代言人」と呼ばれたが、最初の「代言人規則」は1876年に制定された。それによれば、代言人は、布告布達沿革の概略、刑律の概略、現今裁判手続の概略に通ずる者で、品行や履歴について地方官の検査を

うけたうえで、司法卿の認可をうけるというもので、これが弁護士制度の開始である。

　これは1880年5月に改正されて、①代言人は検事の監督の下におく、②代言人組合を法定して、各地方裁判所本支庁ごとに一つの組合を設け、組合加入をすすめる。とされ、これが、現在の弁護士会につながるのである。また、これによって代言人の試験についても、司法卿が所轄検事に問題（試験科目は、民事・刑事に関する法律、訴訟手続き、裁判の諸則）を送り、検事が担当することになった。

（2）弁護士法時代

　1893年5月に弁護士法が施行された。司法省は、裁判所構成法とともに大審院・控訴院・地方裁判所ごとの所属弁護士とする三階級制や多額の免許料・保証金を内容とする制度を作ろうと目論んだが、不成功に終わった。しかし、弁護士会（地方裁判所ごとに一つ）を、検事正の強い監督下におくこと、司法大臣・裁判所より諮問された事項・司法若しくは弁護士の利害に関して司法省・裁判所に建議する事項以外議することはできないとすること、弁護士会には検事正を臨席させること、弁護士会の決議に司法大臣が無効だと宣言する権限・議事停止権を規定させたのである。

　こうした官製の弁護士会に対して、鳩山和夫・磯辺四郎（東京弁護士会会長）・岸本辰雄（島根県、フランス留学、明治法律学校創設に参画）・菊池武夫（岩手県、アメリカ留学、わが国最初の法学博士）らが発起して、1896年日本弁護士協会を設立した。これは会員の親交、司法制度の発達、法律応用の適正を目的とするものであったが、結成されると、直ちに予審の廃止、あるいは予審に弁護人を付することを主張し、また起訴陪臣・検事制度などに付いて論じ合っている。

　この弁護士の横の結合が、やがて官製の弁護士会をも巻き込みつつ、その後の重要な裁判闘争に意味をもち、日本の裁判闘争の質に影響を与えることになるのである。

ⅰ）足尾鉱毒事件

　古河鉱業の銅山開発による排煙・毒ガス・鉱毒水によって周辺地域住民に重大な被害をもたらした足尾鉱毒事件において、1901年「生命救願請願人兇徒聚衆事件」がひきおこされ、52人が重罪・軽罪被告人にされた事件では、東京からの42人の弁護士に加え、横浜・前橋・宇都宮からも16人の弁護士が加わり、総勢58人の弁護団を編成された。

ⅱ）日比谷焼打事件

　日露戦争後の講和に反対して起きた1905年9月5日のいわゆる日比谷焼打事件（兇徒聚衆罪）では、逮捕者2000余名のうち313名が起訴され、予審で有罪として公判に付されたもの117名におよんだ。194名が予審免訴となったが、2名が死亡した。このとき国民大会首謀者として、3人の弁護士が被告人になった。

　この事件で東京弁護士会は、警察官の良民殺傷の事実を重くみて会長ほか54人の弁護士を、東京全市を9地区に分けて調査し結果を公表したし、弁論では、任務分担して、総論主査には4人、結論主査に5人、個々人の被告に3人〜5人の弁護士をあて、群集心理で動いたとされる102名の弁護に100余名の弁護士がかかわった。こうして合計152名の大弁護団が編成されたのである。

ⅲ）大逆事件

　1910年の大逆事件、ほとんどデッチ上げの事件とはいえ、天皇への殺害計画とされる事件は、同年12月10〜29日大審院で傍聴禁止で16回の公判が行なわれ、翌年1月18日に公開で判決がだされた。この裁判でも、計11名の弁護士が被告の弁護を試みた。

　以上のような事件の弁護活動にとどまらず、明治末から大正初めにかけては、弁護士・弁護士会の監督を、検事正から司法大臣に移すことを求める運動、あるいは刑事法廷における弁護人の席を当事者対等の立場から検事席と同等にすることを求める運動をも弁護士協会は展開するが、これは実現に至っていない。ちなみに、検事が裁判官とならんで高壇に座るという形式は戦後の1947年まで続いた。

iv）米騒動

　さて、1918年の米騒動に際して日本弁護士協会は、8月19日、「今回ノ騒擾ハ政府ノ食料ノ問題ニ関スル施設徹底ヲ欠キ民心ノ帰響ヲ詳カニセザルニ因ル。吾人ハ速ヤカニ国民生活ノ安定ヲ図ルベキ根本政策ヲ確立スルノ要アリト認ム。騒擾ニ関スル司法権行使ハ其ノ措置ヲ誤ラザランコトヲ警告ス」と決議し、食料問題特別委員に16名、騒擾事件特別委員に16名、人権問題特別委員に16名、各特別委員会ごとに小委員5名ずつを選任するという布陣で臨み、静岡・愛知、山梨・長野・新潟、広島・岡山、京都・大阪・兵庫・三重、九州の5ブロックに分けて弁護士を派遣して調査、膨大な調査報告書をつくり、騒擾に軍隊を派出したこと、新聞雑誌への記事の掲載、演説会を禁じたことなどを批判する5つの決議を上げた。

（3）自由法曹団の結成

　これまでの事件は、非組織的な大衆運動における弁護活動であったが、米騒動以降に組織的・階級的運動が前進し、それがまた弾圧をうけた。ここでも、弁護団の活動が重要な役割を演じたのである。そして、その弁護団もその階級的姿勢を鮮明にするのである。

　1921（大正10）年6月から8月にかけて、三菱造船所神戸工場と川崎造船所が同時に争議をおこし、両者は、8時間労働制・組合の団体交渉権・横断的組合加入などを求める運動を展開した。その7月29日に川崎造船所の労働者1万3000人が生田神社で集会しデモを敢行した。ここに抜刀警察官が突入し、労働者が背中から切りつけられて死亡するという事件が起きた。神戸弁護士会はこの問題を取り上げ、弁護士に一任したが、東京弁護士会は直ちに、神戸人権蹂躙調査団結成協議会を結成して、16人の委員を神戸に派遣して、神戸弁護士会とともに調査を行ない、具体的な人権侵害の事実を明らかにして、神戸・大阪・東京で報告集会をおこなった。これらの弁護士を中心に10月ごろに「自由法曹団」が結成されたのである。「神戸人権問題調査報告書」の冒頭には、「夫れ権利確保は法律の使命なり、而して生命身体の自由は基本的の権利なり」とあり、これが調査団の最大公約数であり、自由法曹団もこの精神で結集したものと思われるが、自由主義者・社会民主主

義者がここに結集したのである。

　大正デモクラシーを経験する中で、無産運動・社会主義運動が、天皇制国家の専制主義や戦争政策に反対する勢力として形をあらわしはじめる。これに対する弾圧法規として政府は、1925年治安維持法を成立させた。この治安維持法を使っての最初の大掛かりな共産党弾圧が、1928年の3・15事件であり、翌年の4・16事件であった。

　これに対して、解放運動犠牲者救援会が弁護士を中心に、労農大衆と進歩的インテリゲンチュアを糾合して結成され、1930年5月には国際労働者救援会（1922年創立、モップル）の日本支部となった（通称「赤色救援会」）。

　さらに、1931（昭和6）年4月29日に、3・15や4・16事件の法廷闘争（1931年6月25日に第1回公判）のために、解放運動犠牲者救援弁護士団が結成された。彼等は被告の弁護のための法廷闘争をおこなうとともに、岩田義道労農葬を主催したり、獄死させられた小林多喜二の死体引き取りなどをおこなった。

　その後、1931年に全農全国会議弁護団が結成されると、1933年には解放運動犠牲者救援弁護士団と全農全国会議弁護団が結合して、日本労農弁護士団結成される。かれらは、①資本家地主の階級裁判絶対反対、②治安維持法犯人の全部無罪、③在獄政治犯人の即時釈放、④白色テロル反対、⑤帝国主義戦争反対、⑥プロレタリア独裁社会主義ソヴェート日本樹立のために、をスローガンに掲げて、「社会運動通信」を発行し、東京のほか、横浜・水戸・前橋・静岡・新潟・名古屋・大阪・福岡・札幌・京城・台南に支部をつくった。

　しかし、その後日本労農弁護士団所属弁護士の一斉検挙が行なわれ、団の活動、弁護士としての活動そのものが、「治安維持法」第1条1項の「目的遂行罪」にあたるものとされた。かつ、予審終結決定では、解放運動犠牲者救援弁護士団・全農全国会議弁護団を日本共産党の拡大強化を目的とする「秘密結社」と認定して、その存在そのものを否定したのである。ここに自由法曹団・日本労農弁護士団も壊滅するにいたる。

3）戦後日本社会と司法

（1）日本国憲法と戦後の裁判制度

　ポツダム宣言を受諾して無条件降伏した日本は、15年にわたる戦争でアジアの諸国と国民に甚大の犠牲を強い（2,000万人を殺害）、自らの国民にも大きな犠牲をもたらした戦争を、深く反省し、二度と戦争をしないことを決意し、平和的に生きる権利・基本的人権は人類普遍の権利であること、これを実現するためには主権が国民に存することを明確にして、日本国憲法を制定した。日本国民と日本国は、これを世界に宣言して、その実行を約束したのである。私たちの、人権と民主主義、そして平和追求の運動は、すべてここに由来する。

　日本国憲法は、三権分立主義を採用して、立法権を国会に（41条）、行政権を内閣に（65条）に属さるとともに、「すべて司法権は、最高裁判所及び法律の定めるところにより設置する下級裁判所に属する」（76条1項）と規定した。そして「すべて裁判官は、その良心に従ひ独立してその職務を行ひ、この憲法及び法律にのみ拘束される」と規定して、裁判官の独立、ひいては司法権の独立を宣言している。

　最高裁判所の下にある下級裁判所は、高等裁判所（8か所）、地方裁判所（都道府県に1か所づつ）、家庭裁判所（地方裁判所と同一の地に）及び簡易裁判所（警察署の1～2つを単位に、575庁）である。これらのうち、第1審裁判所は、原則として地方裁判所・家庭裁判所・簡易裁判所、第2審裁判所は、原則として高等裁判所で、第3審裁判所は、これも原則として最高裁判所である。何れも原則としての話で、例えば簡易裁判所の民事事件で地方裁判所が第2審として裁判をした事件については、高等裁判所が第3審裁判所となり、特別上告の申し立てが行なわれれば、最高裁は第4審となるのである。

（2）戦後復興と公害問題の発生

　日本の戦後は、荒廃の中から始まった。GHQによる占領政策の中で、政府は経済復興計画を担当する国家機関として1946年8月に経済安定本部を設

け、12月に「傾斜生産方式」を決定した。これは、壊滅的な日本経済を復興させるために、石炭や鉄鋼などといった基幹部門に資金や資材を集中し、全生産を軌道に乗せようというものであった。日本興業銀行の復興融資部を母体につくられた復興金融公庫（復金）は、石炭・鉄鋼・電力・肥料・海運などに集中的に融資をしたが、水俣の日本窒素はその対象となった。日窒の創業は1908年だが、政府の戦争政策の支援をうけて発展、しかし空襲をうけて破壊されていた。戦後の食糧増産と合わせての肥料増産の必要から、戦後政府からまたしても支援をうけて再興するのである。国家との結合をもって産業活動の使命と認識する企業は、その企業活動が環境を破壊し、地域住民・周辺住民の健康や生命に重大な影響を与えるであろうことに一顧だにしない、こうした形で経済復興が促進されたのである。

　この復興期につづく、高度経済成長期もまた、環境や健康はおおむね無視された。公害問題はこのようにして発生し深刻になった。企業は、生産力の拡大にのみに関心をもち、安全や環境保全のための投資をほとんど行ってこなかったこと、資源浪費型の重化学工業中心の産業構造の構築が行なわれたことなどによって、企業集積地域を中心に大気汚染、廃水による水質汚濁が急速に進んだのである。日窒の工場廃水は何の処理もされないまま水俣湾に垂れ流され、有機水銀に侵された魚類を日常的に食する住民の命と健康を奪っていった。

（3）原因企業と地域住民と司法

　公害の深刻化に対して、政府は対症療法的には、1958年に水質二法を制定し、1962年には煤煙規制法を制定した。しかし、産業優先の姿勢を抑止するものとはならず、公害の深刻さに苦しむ被害者や地域住民を中心とした公害反対運動が、各地で展開され、地方自治体を動かし、裁判所を動かし、国を動かすようになるのである。

　日本で初めて公害裁判に立ちあがったのは、第二水俣病といわれ、熊本の水俣病と同じ原因物質有機水銀によって被害をうけた新潟の人たちであった。原因企業は昭和電工鹿瀬工場で、阿賀野川に工場廃水を垂れ流して有機水銀中毒を引き起こしたのである。被害住民は1967年9月に新潟地方裁判所に

提訴したのであるが、このたたかいが、四日市の石油コンビナートによる大気汚染、これによって呼吸系疾患に罹患した被害者らが同年9月に津地裁四日市支部に提訴につながり、1968年3月の、富山県のカドミウム中毒事件（原因企業は富山県神通川上流の三井金属神岡鉱山）での提訴（富山地裁）に、そして翌1969年6月の水俣病での提訴（熊本地裁）に発展するのである。

　これがいわゆる四大公害訴訟と呼ばれるものであるが、被害の程度やその規模（広範囲であること）などにおいて遥かに残酷で深刻であるにもかかわらず、裁判闘争に至るのに時間を要し、なおたたかい続けなけらばならないところに、原因企業と地域との関係、国家・地方行政との関係において、水俣病問題は深刻な解決されるべき問題を抱えていたといわなければならない。

　日窒は、水俣地域と住民の中に深く入り込み経済生活・社会生活など不即不離の関係が形作られ、そして水俣市行政とも分ちがたく結び付いていた（水俣は日窒の城下町とよばれた）。これはまた、地域の差別的構造とも連動していた。したがって、被害者が声をあげて企業を批判することはきわめて困難であった。

　したがって、裁判闘争は、様々なしがらみから自由になるためのたたかいでなくてはならなかったし、強い覚悟を要求された。

　しかし、水俣病の司法を舞台とするたたかいが、正義のたたかいとして、人間の尊厳と人権を勝ち取るたたかいとして、被害者と周辺のさまざまな人たちの共同のたたかいとして、さらに広範な知識人や心あり人たちを巻き込んで展開されたこと、そして一つひとつ成果を勝ち取ってきたことが、被害者自身の主体性を創り上げた大きな要因なのだが、ここでこのこれらの被害者と周辺を結合させる要となり続けたのが、弁護士集団であった。1949年公布の改正「弁護士法」によって「基本的人権を擁護し、社会正義を実現する」（第1条）ことを使命とする戦後の弁護士も、文字どおりこの精神を貫くことは容易ではないが、戦前からのたたかいの歴史の中で、弁護士集団はこの水俣病問題にかかわりつつ、それを実践してきたのである。

　水俣病問題を中心としたたたかいの歴史は、戦後日本の、人間の尊厳と人権、そして環境権と総称される、人間と自然が幸せに共生できる環境づくりにとって、重要な役割を演じ続けているのである。

1. 水俣病の歴史

1）水俣病の発生

（1）水俣病発生の歴史

　水俣病は、日本列島の南側にある九州の熊本県水俣市で発生した水汚染公害です。発生した水俣市の地名から水俣病と言われています。原因物質は有機水銀の一種であるメチル水銀です。メチル水銀は、日本窒素株式会社（チッソと省略）という企業の水俣工場から排出された廃水に含まれていました。このメチル水銀が食物連鎖の中で魚介類に摂取されました。そして、メチル水銀によって汚染された魚介類を多食することによって、水俣病になります。

　1956年5月1日水俣病は公式に確認され、1965年には本州の半ば付近にある新潟（にいがた）県でも第2の水俣病(新潟水俣病と呼ばれる)の発生が公表されました。新潟での原因企業は昭和電工鹿瀬（かのせ）工場で、阿賀野川の上流に位置しています。

　公害対策の古典的な方法は、工場から排出される廃水を希釈（きしゃく、薄める）することです。しかし、水俣では、当初工場廃水が排出されたのは水俣湾です。しかも、この水俣湾は不知火海（しらぬいかい）という内海にある閉鎖水系です。新潟では、阿賀野（あがの）川という閉鎖水系でした。双方とも、メチル水銀が希釈しにくい閉鎖水系に工場が立地されていたのです。

　熊本県南端の小さな漁村であった水俣にチッソが進出したのは、1908（明治41）年でした。チッソは、その2年前に近くの鹿児島県大口に発電所を造りました。そこから生み出される豊富な電力と、不知火海一円から採掘される石灰岩を原料にカーバイド製造等の電気化学工業を興し、さらにアンモニア、アセトアルデヒド、合成酢酸、塩化ビニール等の開発を進め、一大電気化学工業としてわが国有数の規模を誇る企業に発展しました。

　チッソは第二次大戦の敗戦によって、朝鮮半島や中国等アジア各地の海

外資本のすべてを失い、水俣の工場も、米軍の爆撃によって大きな損失を被りました。しかし戦後、政府からの復興支援によって、チッソは急速に発展し、水俣はチッソの企業城下町となっていきました。

水俣病の直接の原因となった水銀を触媒とするアセトアルデヒドの生産高は、1960（昭和35）年には45,000トンにも達しました。これは、全国シェアの25％から35％を占めるもので、チッソはわが国のトップ企業となっていきました。

アセトアルデヒドの大量生産を開始した1950年頃、水俣湾周辺ではさまざまな環境の変化が始まりました。水俣湾内の排水口に近いところから汚物が浮かび上がり、貝がいなくなりました。しばらくすると汚染は湾全体に広がります。湾の周辺では魚が大量に浮き上がり、またはふらふらと泳ぎ、貝は口を開けて死んでいました。陸上では猫が狂い回り、海に飛び込んでは死に、海鳥やカラスも飛べなくなり、地上をばたばた這って死んでいきました。住民は海水に異変が起こっているのではないかと不吉な予感に襲われながら、それでも暮らしていくために、海で魚をとっては食べ、売りに行く生活を続けました。

1956年4月21日、水俣沿岸で漁もする船大工の5歳の娘が、当時水俣地域では最も医療水準の高いとされていたチッソの附属病院に入院しました。女児は箸が使えず、歩くのもふらふらし、話し言葉もはっきりしない状態でした。そして、そのような症状の子どもが近所に何人もいるというのです。それを確かめたチッソ附属病院の院長細川一は、同年5月1日、「脳症状を主訴とする原因不明の患者が発生、4人が入院した」と水俣保健所に報告しました。なお、後にこの日が水俣病の公式確認の日といわれるようになりました。

この報告を受けて地元医師会などの関係機関による対策会議が開かれ、地域の医療機関のカルテを洗い出した結果、1953年12月に、やはり5歳の女児が発病していたことがわかりました。この患者が発生第1号とされています。しかし水銀を触媒とするアセトアルデヒドの生産は、1932年から始まっていました。だから実際には何の病気か分からないまま見過ごされていただけで、もっと前から発生していたという指摘もあります。

（2）患者発生の原因究明

　深刻な「奇病」発生ということで、熊本大学は医学部を中心に研究班を立ち上げました。熊大研究班では、患者を学用患者として入院させ疫学調査と病理解剖を行いました。その結果、1956年11月には「原因はある種の重金属」であり、人体への進入経路は「魚介類」であることを突きとめました。この時点で、人体に有害な物質が魚介類を通じて疾病を引き起こしているとして、魚介類の摂食禁止措置などの適切な措置がとられていたら、たとえ原因物質の特定や発症のメカニズムが解明できていなくても、患者の拡大は抑えられたでしょう。これが国や県の最初の、そして最大の失策です。

　汚染源はチッソ水俣工場が疑われましたが、チッソは有機水銀を含む無処理の廃水を流し続けました。

　1959年7月、熊大研究班はついに有機水銀が原因と発表しました。チッソは直ちに、熊大研究班の有機水銀説は「科学常識から見ておかしい」と反論しました。その他にも、チッソも加盟する日本化学工業会は「戦後の爆薬投棄が原因」と発表、政府の意を受けた学者も「アミン中毒説」を発表するなど、さまざまな反論・妨害が行われました。

　その中で熊大研究班を中心とする厚生省食品衛生調査会水俣食中毒部会は、1959年11月、「水俣病の主因は水俣湾周辺の魚介類に含まれるある種の有機水銀化合物」との答申を厚生大臣に出しました。ところが厚生省は答申の翌日、この答申を認めたくないために逆に同部会を解散させました。その裏でチッソは熊大研究班に反論しながら、実は自らも工場廃水を餌に混ぜてネコに与える「ネコ実験」をしていました。そしてそのネコ（400号と呼ばれます）が1959年10月に水俣病を発症しましたが、工場はこの事実を極秘にしたまま「原因不明」としていたのです。このように、熊大研究班などの原因究明に対して、チッソ、日本化学工業会、厚生省などは事実の隠ぺい・反論・妨害を行いました。

　しかし熊大研究班は研究を継続させました。翌年には熊大研究班は水俣湾産の貝から有機水銀化合物の結晶を抽出しました。さらに1962年8月にはチッソのアセトアルデヒド工場の水銀滓から塩化メチル水銀を抽出するなど、逃れようのない科学のメスが迫っていきました。熊大研究班は、1963年2

月、「水俣病は水俣湾産の魚介類を食べて起きた中毒性疾患であり、原因物質はメチル水銀化合物であり」「それは水俣湾産の貝及びチッソ水俣工場のスラッジから抽出された」と発表し、科学的には結論が出ました。真理を探究する大学研究者の健闘の成果です。

一方、さかのぼって国の対応に目を向けると、水俣病発生の初期は国（厚生省）は原因解明に乗り出しましたが、原因の究明がチッソに向けられるようになると、逆に原因隠しに向かいました。

1956年に重金属説が発表されると、熊本県は「食品衛生法を適用し、水俣湾産の魚介類の採取を禁止したい」と厚生省に照会しました。これに対し厚生省は、国と県で半分ずつ費用補償しなければならないため、「水俣湾産の魚介類すべてが有毒化しているという明らかな根拠はないので適用できない」と回答しました。また、1958年に制定された水質保全法や工場排水規制法も適用せず、チッソの無処理廃水を放置し続けました。厚生省と科学技術庁がすなわち国が水俣病を「チッソ水俣工場からの公害である」と認めたのは、日本中からアセトアルデヒド工場が無くなった後の1968年9月のことでした。

（3）被害者へのチッソの不誠実な対応

工場の廃水を無処理のまま排出していたのですから、チッソによる海洋汚染は工場設立当初から始まっていました。次第に汚染は深刻になり、大正時代にはすでに水俣漁協との間で漁業被害に対する補償協定が結ばれていました。しかし患者の発生が表ざたになったのは、公式確認がなされた1956年です。

その後もアセトアルデヒドの増産は続き、それに比例して患者は増加していきました。

水俣漁協は補償や原因の究明を求めました。そこでチッソは1958年に汚染が深刻な水俣湾に注ぐ百間排水口から、水俣川河口にある八幡プールを経て水俣川に排出するように排水ルートの変更を行いました。この事態に驚いた国は、排水ルートを1959年11月、元の百間排水口に戻させました。すなわち、チッソは汚染源に対しての原因究明の手を何も打つことなくその後も

アセトアルデヒドの増産を続けたため、不知火海全域に水俣病の発生地域が拡大していきました。

　このような事態の中でチッソは1959年12月30日、熊本県知事などの斡旋で初めて患者団体との協定を結びました。しかし、賠償というものではなく、あくまでも原因不明ということを前提に工場が患者にお見舞いをするという形のものであり、「見舞金契約」と呼ばれました。もっともチッソは、このとき既に、前述の「ネコ実験」によって自らが患者を発生させた犯人であることを知っていたのです。その内容は、①死亡者30万円などという低額補償、②水俣病の原因がチッソであると判明しても新たな補償はしない、③チッソが原因でないと判明したらこの補償も打ち切る、という極めて不当なものでした。

　しかし、病気で働くこともできず、治療費にもその日の生活にも事欠く患者達は、ついにこの契約を結びました。後にこの契約は熊本第一次訴訟判決において「患者らの無知と経済的困窮状況に乗じて極端に低額の見舞金を支払い、損害賠償請求権を放棄させたもの」として、公序良俗に反し無効であると判断されました。

　1959年7月、熊大研究班の有機水銀説の発表等で水俣漁民は工場の廃水浄化を強く要求していました。これに対し、チッソは同年12月浄化装置のサイクレーターをつくり、これにより廃水はきれいになり、水俣病は終わると宣伝しました。完成式の記者会見で工場長はサイクレーターを通した廃水と称してコップの水を飲んでみせました。ところが、その水は単なる水道水であり、サイクレーターには水銀除去の目的も性能もないことが後に判明しています。結局、水俣病の原因となった有機水銀は浄化されることなく1966年に完全循環式になるまで排出され続けました。1968年5月にアセトアルデヒドの生産を停止し、その4ケ月後に政府は初めて水俣病はチッソが原因の公害病だと認めたのでした。

2）裁判の経緯

（1）熊本水俣病第一次から第三次訴訟まで

　チッソの企業城下町といわれた水俣地域では、原因がチッソ工場からの汚水であることが分かっていても、チッソを相手に責任追及することは簡単なことではありませんでした。しかし、不誠実な対応をとり続けるチッソの姿を前に、正当な被害回復を求めるには裁判しかないと、患者らは裁判に訴えることにしました。

　熊本水俣病第一次訴訟（1969年6月提訴）の大きな争点は、チッソの過失責任が認められるかどうかでしたが、熊本地裁判決（1973年3月20日）は、チッソを断罪してその過失責任を認め、前述の「見舞金契約」についても公序良俗に反して無効であると判断し、患者1人当たり1,600万円〜1,800万円の損害賠償を認めました。この画期的な判決後、チッソは患者団体との間で補償協定を結び、行政による水俣湾のヘドロ処理について仮処分が認められ、さらにチッソ社長らの刑事事件での有罪判決につながっていったのです。

　熊本水俣病第二次訴訟（1973年1月提訴）の訴訟は、未認定患者の救済の皮切りとなりました。この時期、国は認定基準を厳しくし、かつ判断者は国が選んだ特定の医学者であるなど、「大量切り捨て政策」をとっていました。この国の認定基準は「昭和52年判断条件」と呼ばれ、複数の症状の組み合わせを水俣病認定の条件とし、感覚障害だけでは認定しないという厳しい内容でありました。しかし、第二次訴訟に対しての1979年3月の熊本地裁判決は、この国の認定基準を採用せず、14人中12人を水俣病と認めました。

　さらに1985年8月の福岡高裁判決において、四肢の知覚障害だけでも汚染魚を多食しているなどの疫学条件が認められれば水俣病と認定しました。この判決は、「複数の症状の組み合わせを水俣病認定の条件とし、感覚障害だけでは認定しないという」国の厳しい認定基準と認定審査会を、「このような国の認定基準は破綻している」と批判したものでした。このような中で、国の「大量切り捨て政策」の問題点がクローズアップされました。

勝訴判決が続いても、国（環境庁）が認定基準を見直さない態度は変わりませんでした。原告や弁護団は、患者救済のためには国の責任を明らかにして国の政策を転換させる必要があると考え、熊本地裁への大量提訴（1,400人）と全国的展開（新潟、東京、京都、福岡での提訴と全国連の結成）で、国と熊本県の責任を求める裁判すなわち熊本水俣病第三次訴訟(1980年5月)を起こしました。1987年3月、この熊本水俣病第三次訴訟第一陣に対する熊本地裁判決は、国と熊本県の責任を認めるという全面勝訴判決でした。その後、1990年9月の東京地裁を皮切りに各裁判所で和解勧告がなされ、1993年1月の福岡高裁和解案では、総合対策医療事業の治療費・療養手当プラス一時金（800万円、600万円、400万円）という案が出されました。しかし、国は拒否しました。

　その後、1993年3月の熊本地裁第三次訴訟第二陣判決と同年11月の京都地裁判決においても国と熊本県の責任が認められ、「疫学条件があり、四肢末梢優位の感覚障害が認められ、他疾患によるものと明らかにできないものは水俣病である」と判断されたのです。このように各地裁や福岡高裁で国の厳しい認定基準は破綻しているという判決が何度も出されたにも関わらず、国は考えを変えていません。

　そのような国の責任を認める地裁判決が相次ぎ、追い詰められた国（政府）は腰を上げ、1995年12月に政府解決案を提案、翌年原告団側はこれを受け入れ、チッソとも協定が結ばれました。この1996年政治解決とは、患者らをはっきり水俣病と認めず、国・熊本県の責任も曖昧なままの内容でしたが、原告の高齢化や大量原告の早期救済を図るため、後に結成されるノーモア・ミナマタ水俣病被害者・弁護団全国連絡会議（全国連）の原告らを含む11,000人の患者は政治解決を受け入れる選択をしたのです。

（2）関西訴訟最高裁判決（2004年10月）とそれ以降の動き

　一方、かつて水俣湾周辺に居住し、その後関西方面に転居した水俣病患者によって結成された関西訴訟原告団は、政治解決ではなくあくまで裁判での判断を求めました。

　2001年4月27日、関西訴訟控訴審判決（大阪高裁）は、チッソのみでなく

国・熊本県の責任も認め、感覚障害だけで水俣病と認定しました。その後、2004年10月15日、最高裁判所は、大阪高裁判決を支持し、国・熊本県の責任を最高裁判所において確定したのです。最高裁は水俣病の病像について、この2001年大阪高裁の判断を是認しました。

その大阪高裁の判断とは、①水俣湾周辺地域において汚染された魚介類を多量に摂取したことの証明、②次の3要件のいずれかに該当するものであること、という基準でメチル水銀中毒を認定するという内容です。

（ⅰ）舌先の二点識別覚に異常のある者及び指先の二点識別覚に異常があって、頚椎狭窄などの影響がないと認められる者

（ⅱ）家族内に認定患者がいて、四肢末梢優位の感覚障害がある者

（ⅲ）死亡などの理由により二点識別覚の検査を受けていないときは、口周囲の感覚障害あるいは求心性視野狭窄があった者

すなわち最高裁も、感覚障害だけで水俣病と認めた大阪高裁の判断を承認したのです。

1996年政治解決によって、水俣病の問題は終わったとされていました。しかし、関西訴訟最高裁判決によって事態は一変しました。なぜならば2004年関西訴訟最高裁判決が、国の厳しい判断基準よりも緩やかな条件で患者を水俣病と認定したため、これによって行政の認定基準が改められ、新たに救済を受けられるという期待が広がり、認定申請者が急増したのです。

しかし、国（環境省）は「最高裁判決は認定基準を直接否定してはいない」と逃げ口上で判断基準を改めようとしませんでした。結局、数次にわたる訴訟、そして最高裁判決を経ても、国は水俣病患者の根本的な救済を頑なに拒む態度を明らかにしたのです。このような国の態度を受け、国は裁判以外では動かないことを再認識した水俣病患者の人々の中から、国を直接相手取った裁判をすることによる救済を求めようとする人が増えていきました。

そして、2005年10月3日、新たに不知火患者会会員で結成された50名の原告団が、熊本地方裁判所に「ノーモア・ミナマタ国家賠償等訴訟」を新たに提起したのです。

2. 「ノーモア・ミナマタ国家賠償等訴訟」
   たかいの記録

1）裁判で目指したもの

　ノーモア・ミナマタ国賠等訴訟は、司法制度を活用して、大量・迅速な被害者救済の実現を目指すものでした。前述の「1996年政治解決」により、約1万人の被害者が救済されました。しかし、それでもまだ多くの未救済被害者が存在していると考えられていました。というのも、濃厚汚染時に不知火海沿岸地域には約20万人の住民が居住しており、水俣湾周辺の汚染された魚介類を多食した被害者は多数存在していると思われるのに、全般的な汚染の実態調査が行われていなかったからです。また、「金ほしさのニセ患者」などという攻撃が加害者側から行われており、更には差別、偏見をおそれて名乗り出ない状況も続いていたのです。

　しかし2004年関西訴訟最高裁判決が言い渡され、その中で認定基準が改められたため、救済を受けられるのではないかとの期待が広がり、多くの人が認定申請に立ち上がりました。しかし、国はこの最高裁判決にもかかわらず、認定基準を改めず、十分な救済策も取りませんでした。本来、数万人に及ぶ被害者の迅速な救済は、立法や行政施策で対応すべきですが、そのような措置が取られなかったのです。

　水俣病不知火患者会が母体となり、2005年10月3日、国、熊本県、チッソを相手に、最初の50人が賠償を求める訴訟を熊本地方裁判所に起こしました。原告らは当初から、訴訟上の和解手続きによる大量・迅速な被害者救済の実現を目指しました。というのは、ほとんどの被害者は高齢であり、また未救済被害者は数万人いると考えられることから判決で解決することになると数十年かかることが予想され、それでは生きているうちには救えないような不合理な結果になってしまうからです。

　和解といえば足して二で割るようなイメージがありますが、水俣病の場合全く違います。水俣病の裁判史上、国が和解協議に応じたことは一度もあり

126

ませんでした。水俣病第三次訴訟においても、当時の原告らが、「生きているうちに救済を」の合い言葉のもと、首相官邸前で何日も座り込むなどの必死の運動を展開しました。しかし、国は和解協議には一切応じなかったのです。国を和解のテーブルに着かせること自体がたいへん困難な課題でした。

　私たちは、かつて国が拒否の理由としていた行政の根幹論（国賠責任及び認定基準は行政の根幹にかかわる問題で、和解協議では解決できないとの見解）は、2004年最高裁判決により、根拠を失ったと考えました。そして、数万人に及ぶ被害者の迅速な救済を図る方法は、訴訟上の和解手続きしかないとの結論に達したのです。私たちの構想は、訴訟において医師団の診断書の正しさを徹底して証明し、大量提訴により解決を国に迫り、裁判所の和解勧告という決断を引き出し、協議を経て基本合意を行い、和解を実現するというものでした。

　第一陣提訴時、当時の環境大臣は、「和解はしない」と早々に拒否をしました。原告らはたいへん悲しい思いをしましたが、多くの支援と励ましを得て、5年半にわたるたたかいを続け、遂に2010年3月に基本合意、2011年3月に和解を実現したのです。

2）裁判闘争の記録

（1）原告団を拡大し団結を維持するたたかい

　私たち、ノーモア訴訟原告団の裁判は、2005年10月3日、前述した最初の50名すなわち第一陣原告団が熊本地方裁判所に提訴をするところから始まりました。その後、同年11月14日には第二陣原告503名が提訴し、私たちの裁判は一挙にマンモス訴訟となりました。

　しかし、水俣病の場合、地域には複数の患者会が存在し、ノーモア・ミナマタ訴訟原告団の母体である水俣病不知火患者会は、人数においては最大の患者会ではありませんでした。そして、そのように複数ある患者会組織の中で、裁判によって正当な補償を求めようとする団体は、多数派ではありませんでした。

私たちの裁判が始まると、当時の環境大臣は、「原告とは和解しない」と言い切り、裁判に対して強気の姿勢をにじませました。それは、裁判外での救済を求める団体の中には、政府が示す救済策を受け入れる姿勢を持った団体が複数存在し、かつそれらの団体に所属する被害者の方が数の上では優位に立っていたことからでした。

　私たちのたたかいはそのような政府の強硬姿勢を崩し、私たち裁判原告団を政府にとって「到底無視できない交渉相手」にするところから始まりました。

　ⅰ）「すべての水俣病被害者の救済」を掲げての活動
　私たちは、不知火患者会会長であり、ノーモア・ミナマタ訴訟原告団長である大石会長がいつも口にする、「すべての水俣病被害者の救済」を旗頭に、私たちのたたかいこそがすべての被害者の救済につながるたたかいだと訴え、不知火患者会の会員とノーモア・ミナマタ訴訟の原告団を増やしていきました。

　いつの時代も、水俣病被害者にとって、情報は十分ではありませんでした。特に、現在の水俣病については、複数の補償制度が存在し、患者会の考え方も様々です。そんな中、自分にも水俣病の症状があるのではないかと考えた人たちが正確な情報を求め、多数不知火患者会に入会してきました。

　しかし、不知火患者会に入会する人たちすべてが、ノーモア・ミナマタ訴訟の原告になるわけではありませんでした。

　「裁判をする」ということは、被害者にとっては大変勇気のいることでした。私たちは、そのような抵抗感をなくし、多くの方に裁判原告となってもらえるよう、2009年1月より、不知火患者会会員の戸別訪問を開始しました。私たちは、その活動を「ジョイント2009」と名付け、それまで約1,500名だった原告数を、約半年間で2,000名にすることを目指しました。同時に、近畿地方在住の被害者を中心に、大阪地裁への提訴も実現しました。原告数を増やすために、不知火患者会会員の戸別訪問、地域集会、裁判原告にも自分の親族や友人、知人で水俣病の症状がある人を裁判に誘うことを呼びかけました。また、地域に検診を呼びかけるビラの全戸配布、街頭での宣伝活動などをして、未だ声を上げられずにいる潜在被害者の発掘に努めました。

また、これまでは取り組んでこなかった「対岸」の天草地域にも、未救済の被害者が多く残されているのではないかという予測のもと、同年4月1日には、上天草市龍ケ岳町樋島で住民対象の裁判説明会を実施しました。住民の大半が参加したのではないかと思われる100名を超える方々が参加し、裁判の説明に熱心に耳を傾けました。その後も各地で継続して集会を行いましたが、この樋島での集会は私たちに、天草地域での被害者の掘り起こしが必要だということを痛感させるものでした。これらの活動の結果、2009年7月末には、原告数を約1,900名にまで増やすことができました。

　原告数を飛躍的に増加させるきっかけとなったのが、2009年9月不知火海沿岸住民健康調査（大検診）でした。大検診は、水俣病患者7団体及び水俣病県民会議医師団、全日本民医連、地元医師会有志等で構成する実行委員会（実行委員長・原田正純熊本学園大学教授）が主体となって行われました。中でも不知火患者会は検診の呼びかけを大々的に行い、天草地域でも積極的に検診の受診者を募りました。

　大検診には、全国から約140名の医師が集まり、医療スタッフは実に約600名が参加しました。それらの医師やスタッフが、熊本、鹿児島両県の17会場に分かれ、2009年9月20、21両日で約1,000名の検診を行いました。大検診では、多数の潜在被害者が自らの症状を自覚し、補償を求めるに至ったという大きな収穫がありましたが、大検診がもたらしたものはそれだけではありませんでした。大検診に全国から多数の医師や医療スタッフが集まったことで、水俣病の診断についての理解が全国的に深まり、そのことが後の東京での提訴にもつながりました。また、不知火海沿岸地域から東京や大阪などの遠方に転居した被害者が、水俣病の検診や治療を受けることのできる医療機関も増え、被害者にとって大きな支えとなりました。

　私たちは大検診の後、裁判の説明会を各地で精力的に展開し、裁判こそが正当な補償を得るための唯一の方法であると訴えました。中でも、行政の線引きにより、保健手帳や水俣病認定申請者治療研究事業医療手帳（認定申請者に対して認定審査会の結論が出るまでの間の医療費の保障を行うため、原則として認定申請後1年経過後に発行される手帳）の交付を受けられない地域の被害者は、最後の望みを裁判に託す形で、提訴を決意していきました。その結果、大検診後の2009年11月18日に、私たちは原告数2,000名を突破

することに成功しました。

このようにして原告数を拡大しただけでなく、地域での説明会や集会を重ね、原告の団結を維持したことで、原告一人ひとりの中に裁判に対する確信が生まれてきました。

ⅱ）原告団の切り崩しとのたたかい

2008年の年末から2009年にかけ、当時の水俣病問題与党プロジェクトチームは、救済水準としては極めて不十分な解決策を打ち出しました。さらには、2009年7月8日、チッソの分社化を主な内容とする水俣病被害者の救済及び水俣病問題の解決に関する特別措置法（特措法）が成立し、政府は私たち原告団の切り崩しにかかりました。

しかし、原告団が、これによって切り崩されることはありませんでした。政府の思惑を、原告団の拡大を続けることと原告の団結を強めることで打ち破りました。そして、行政による線引きをものともせずに原告団を拡大し続けたことと、いかなる切り崩しにも屈することなく原告団の団結を維持し続けたことは、政府にとっても脅威となり、原告団はもはや「無視できない集団」になったのです。

特に、これまで水俣病の被害者は存在しないとされてきた天草の地域で多数の被害者が裁判に立ち上がったことは、政府にとっては脅威であったに違いありません。被害の拡がりが予測できないからです。もはや、原告団の勢いを止めるためには、原告団と交渉し早期に裁判を終結するしかありませんでした。

このようにして「拡大」と「団結」に取り組んできたことで、「原告とは和解しない」と言い切った国の態度を変えさせることに成功しました。その結果、裁判は和解協議に入り、特措法に基づく救済水準も事実上、裁判で合意される形になりました。

その後、東京地裁への提訴も実現し、たたかいは全国区のたたかいとなりました。原告団は名実ともに、水俣病被害者をリードする団体となったのです。

（2）争点と訴訟活動

ⅰ）争点としての病像

ノーモア・ミナマタ訴訟では「原告一人ひとりが水俣病かどうか」が主な争点となりました。この争点は、具体的には次の3つに分けることができます。

①水俣病は、実態としてどのような病気であるのか（水俣病の症候）

②その実態を踏まえて、水俣病であるかどうかをどのようにして診断するのか（診察方法や診断基準など）

③その診断基準に照らして、原告一人ひとりは水俣病と診断できるのか

この①と②はすべての原告に共通する問題（病像総論）であるのに対し、③は個別の原告についての問題（病像各論）であると言うことができます。

ⅱ）共通診断書の策定

ノーモア・ミナマタ訴訟の原告の数は、2006年4月の時点で1,000名を超え、その後も増え続けることが予想されました。

しかし、このような多数の原告について、一人ひとりが水俣病かどうかを裁判所に判断してもらうためには、気の遠くなるような長い時間がかかるのではないかとの心配がありました。そこで私たちは、診察の方法と診断書の書式を統一した「共通診断書」というものを用いることによって、迅速・適切な判断が可能であると主張しました。共通診断書とは、当時熊本学園大学で水俣学を担当されていた原田正純教授の呼びかけによって、長年にわたり水俣病患者の治療・研究に携わってきた医師ら有志が集まり、検討を重ねてまとめた水俣病の診断書です。そこに集まったメンバーの思いは、水俣病の共通診断書を策定することによって、水俣病被害者の迅速かつ適切な救済を実現したいという一点でした。その検討の結果、①水俣病の診断基準、②診断に必要な共通の診察の手順、③診断書の書式が完成したのです。

したがって共通診断書は、現在の水俣病の診断に関する集大成とも言うべきものです。

この共通診断書の特徴として、次の3点が指摘できます。

第1に、これは一般的なメチル水銀中毒症の診断基準を提示するものでは

なく、あくまでも、チッソの排水による巨大な環境汚染によって引き起こされた公害病としての水俣病の診断に関するものだということです

第2に、共通診断書の作成手順で示された水俣病の診断基準は、水俣病の病像が争われた過去の裁判の判決をも踏まえて策定されているという点です。すなわち、この診断基準の正しさは司法の場で既に確認されたものであり、裁判所における適切な被害救済につながる基準を提示したものなのです。

第3に、多数の原告を迅速かつ適切に救済するのに必要十分な診察項目を厳選したという点です。この共通診断書に記載されている項目をチェックすることにより、原告一人ひとりが水俣病であると診断できるし、被害の程度も把握できるよう工夫されているのです。

私たちは原告全員について、この共通診断書の書式に基づいて個別の診断書を作成し、裁判所に提出することを決めました。原告一人ひとりが水俣病であることの立証は、この診断書だけで十分であると考えたのです。

iii）高岡滋医師の証人尋問

以上のような病像論や共通診断書が信用できるものであることを明らかにするために、私たちは、高岡滋医師の証人尋問を実施しました。高岡医師は長年にわたり、水俣病患者の診療および研究を水俣の現地で行うとともに、共通診断書の策定でも中心となられた方です。この重要な証人尋問は、2007年7月25日から始まり、主尋問3回、反対尋問四回を経て、2009年7月3日に終わりました。この2年間にも及ぶ証人尋問において明らかにされた水俣病の最新の病像論は、まさに水俣病の裁判史上に記録されるべき貴重な尋問となりました。

そもそも水俣病は、人類が初めて経験した未曾有の公害病です。その実態については、不知火海沿岸地域で健康障害を訴える多数の患者の中から見出すほかありません。ところが、水俣病の全ぼうを明らかにする調査研究はきわめて不十分でしたが、藤野糺医師の桂島の疫学研究である「慢性水俣病の臨床疫学的研究」に代表される県民会議医師団等によって、水俣病の実態が明らかにされてきつつありました。

高岡医師の証言では、こうした歴史や自身による最新の医学的研究結果を

も踏まえて、水俣病においては四肢末梢優位の表在感覚障害や全身性の表在感覚障害などが極めて特徴的に認められ、メチル水銀曝露歴のある者にこれらの症候が認められれば、水俣病と診断できることが明らかにされました。これに対して国・熊本県、チッソは、「全身性の感覚障害というのは、大脳等の病理所見と矛盾するのではないか」などと主張しましたが、高岡医師は、病理所見にも限界があること、自分たちの観察や他の医師の観察でも全身性感覚障害という現象が確認されており、その現象を非常に重視しなければならないことなどを反論しました。

私たちが裁判所に提出した共通診断書は、診察の方法、正常・異常の判定方法、診断基準および診断書の書式が統一され、それに基づいて作成されています。

高岡医師の証言では、感覚障害の診察には原則として筆と針による一般的な手法を用いること、感覚検査の数値化（定量化）や非汚染地域の調査等の研究成果を踏まえて診察方法と異常の判定を統一化したことで、所見の信用性が高められていることが明らかにされました。

これに対して被告である国側は、「感覚障害の所見には客観性が乏しい」などと主張しましたが、高岡医師は、筆と針による感覚障害の有無のチェックは神経内科の基本であって、被告らの主張はまさしく医学の否定であると厳しく反論しました。

また被告らは、高岡医師の考え方について「医学的にコンセンサスを得ているか」とか「教科書に載っているか」などと繰り返し質問しましたが、高岡医師は、水俣病の臨床疫学的な研究はほとんどなされておらず教科書といえるものはないこと、多くの医師にとって国の定めた「昭和52年判断条件」すなわち国の厳しい認定基準の存在が、広汎な被害実態を明らかにするための臨床研究の妨げになっていることなどを反論しました。

水俣病の被害を矮小化する昭和52年判断条件に固執するあまり、現実をみようとしない被告らの不合理な態度が、まさに浮き彫りになった証言でありました。

高岡医師は、第一陣原告50名について、共通診断書やその元となる問診票、カルテなどを踏まえて、全員を「水俣病である」と証言しました。

これに対して被告らは、原告らの病気は「他の疾患や要因によるもので

ある」などと主張しましたが、高岡医師は、共通診断書の書式自体が他疾患との鑑別ができるだけの項目を備えているだけでなく、共通診断書作成にあたって医師が十分な鑑別診断を行っていることを明らかにするとともに、ずさんな鑑別診断の主張をしているのはむしろ被告らの方であると反論しました。

　以上のような高岡医師の証人尋問を通して、共通診断書の信用性が裏付けられたことは、その後の被告らとの和解協議におけるルール作りにおいて大きな力を発揮しました。被告らは、和解のルールとして「救済対象者の判定資料は、共通診断書ではなく、被告側が指定する医師の診断による公的診断書を基礎とすること」を考えていたようですが、最終的には「共通診断書と公的診断書の双方を対等の判断資料とすること」に合意しました。これは、共通診断書に記載された医師の所見が信用できることを前提としたルールであり、高岡医師の証人尋問が成功していなければ実現できなかったものです。

　このように、高岡医師尋問は、水俣病被害者の救済を実現するにあたって大きな成果を上げました。

ⅳ）藤木素士博士の破綻(2009年11月13日証人尋問)

　ノーモア・ミナマタ訴訟では、水俣病の病像という争点のほかに、消滅時効や除斥期間（民法第724条）の規定により、国・熊本県・チッソが損害賠償責任を免れるかどうかも重要な争点となりました。

　国・熊本県は、裁判が始まってから約1年後の2006年11月20日の段階で、原告に水俣病の症状が発症してから20年を経過したことになり除斥期間が経過するため、国・熊本県は損害賠償責任を負わないと主張しました。また、チッソにおいても、2006年9月28日の段階で、国・熊本県と同様に20年の除斥期間を主張し、さらに水俣病第一次訴訟以来一度も主張しなかった「3年の消滅時効の経過」を突如持ちだし、これを理由に損害賠償責任を負わないと主張しました。

　特にチッソは、原告らに対して「関西訴訟最高裁の結論を見て気が変わったとしか言いようのない原告らの突然の請求は（中略）到底許されるものではない。1996年全面解決（1996年政治解決のことを意味していると考えら

れる）に至るまで長い間被告チッソに対し賠償や補償を求めてきた人々と、いわば権利の上に眠るがごとく日を過ごし全面解決の時ですら何ら行動を起こさずに今になって突然訴訟を提起する本件原告らとを時効・除斥の観点で、同列に論じることこそ、著しく合理性を欠いている」と述べ（2007年4月27日付け準備書面（4））、消滅時効と除斥期間を全面的に主張しました。これらの主張は、原告らが水俣病患者あるいは水俣病被害者であったとしても、時の経過のみを理由にして、国・熊本県・チッソが、責任から逃れようとするもので許し難いものでした。

　このような国・熊本県・チッソの主張は、2004年関西訴訟最高裁判決でも一定の範囲で認められた除斥期間についての判断を、根拠とするものでした。すなわち、この判決は、水俣地方から関西地方などの遠方に転居した原告らについて、「転居の時から24年以内に認定申請をしなかった場合」には、仮に、その原告が水俣病被害者であったとしても、除斥期間により国・熊本県は損害賠償責任を負わないとの判断を示したのです。

　この判決における判断は、差別や偏見に苦しみ、症状があっても水俣病被害者として名乗りを上げることができない被害者の現実を見ないものであり、極めて不当というほかありません。だが、現実にはこの判決でこの点が判示されており、さらに裁判では多くの裁判官が最高裁判所の前例に従う傾向が強いことから、ノーモア・ミナマタ訴訟でも、除斥期間の問題が重要な法律上の争点となることが予想されました。

　国・熊本県は、高岡滋医師の証人尋問への反撃のために、藤木素士証人の尋問を用意しました。この藤木証人は、もともと微量の水銀の測量に関する研究者でした。ノーモア・ミナマタ訴訟において、水俣湾の魚介類に含まれる水銀濃度、住民の毛髪に含まれる水銀値、住民の新生児の臍帯（へその緒）に含まれる水銀値などの調査結果に基づき、「アセトアルデヒドの生産を停止した1969年以降は水俣病を発症するだけのメチル水銀による汚染はない」との証言をしました。実は藤木証人は、いわゆる水俣病第三次訴訟の時から国側の証人として、「1955年頃における科学的知見からすれば、国や熊本県が水俣病の被害拡大についての責任を負う必要がない」、つまり、国・熊本県の責任論を否定する根拠を証言し続けてきた人物でもありました。

彼のノーモア・ミナマタ訴訟においての1969年以降水俣病は発症し得ない程度の汚染しかなかったことの主張を通して、原告の全員につき20年間の除斥期間が経過した根拠となる証言を行いました。

　藤木証人の「1969年以降には水俣病を発症しうるほどの汚染はない」との証言も、実際に1969年以降に生まれた住民にも水俣病症状がみられるという医師らの見解を真正面から封じることはできませんでした。

　ノーモア・ミナマタ訴訟は勝利和解により終結したため、藤木証人の見解についての裁判所の判断は示されませんでしたが、2011年の和解解決において、時の経過を理由に和解拒否された原告はいないこと、また、1969年以降に生まれた原告も、一部ではありますが水俣病被害者として和解の対象となったことからして、藤木証人の証言は全面的に否定されました。

　ノーモア・ミナマタ弁護団では、消滅時効、除斥期間の争点につき、他の訴訟の事例をもとにシンポジウムも開きました。また、複数の学者・弁護士の援助を得て、水俣病の原因究明を妨害し被害を隠し込んできた加害者側の態度からすれば、時効・除斥の主張自体が権利の濫用であること、さらに、時効や除斥の起算点を診断時や認定時と捉えて、すべての水俣病被害者に対する賠償を認めるべきであるとの準備書面を提出しました。

　しかし、時効・除斥の争点を突破するための最も本質的なポイントは、「未だに救済されていない水俣病被害者が多数存在することを社会的に明らかにすること」にほかなりませんでした。その意味で、最終的に3,000名規模に原告団を組織した原告団の拡大、及び、確固たる団結維持の取り組みと、医師団・支援の結束による水俣病患者掘り起こし運動、とりわけ、2009年9月20、21日にわたり、合計1,044名を対象に行われた不知火海沿岸住民健康調査（前述の大検診）の成功こそが、国・熊本県・チッソらによる時効・除斥の主張を突破する最大の鍵となりました。

3）全国的な運動の展開

（1）水俣病は終わっていない〜全国縦断ミナマタキャラバン〜

　いうまでもなく私たちのたたかいは、2004年関西訴訟最高裁判決を契機に立ち上がった被害者らが起こしたものでした。しかし、1996年政治解決で多数の水俣病被害者らの救済が図られたことから、全国的には、水俣病は終わったとの認識が一般的でした。私たちのたたかいは、その世論を動かし、今なお水俣病の被害者が多数取り残されており、その救済を図る必要があるということを周知するところから始まりました。そこで私たちは、2008年5月16日から約2ヶ月をかけて、熊本から北海道まで、「水俣病は終わっていない」を合い言葉に、全国縦断ミナマタキャラバンを実施しました。

　キャラバンの出発式の日は、ノーモア・ミナマタ訴訟の第13回口頭弁論で、原告団の大多数を診断した高岡滋医師の証人尋問が採用され、裁判が大きな一歩を踏み出した日でもありました。キャラバンには、原告団、弁護団だけでなく、水俣病闘争支援熊本県連絡会議に所属する看護師も参加し、熊本地裁前から出発した全国キャラバン参加原告の体調の悪化にも備えました。

　2008年5月18日の福岡県を皮切りに、第1弾は広島県、岡山県、兵庫県、大阪府、京都府、愛知県、神奈川県の8府県をまわり、県庁訪問や支援団体への支援のお願い、街宣活動などを精力的に行いました。参加した原告は、「感覚障害」という見た目では分からない水俣病の症状を具体的に訴えました。被害者の生の声は、水俣病を知らない人々に衝撃を与え、公式確認から50年経ってもなお、水俣病被害者が、苦しみの中にいることを印象づけました。各地のマスコミも、キャラバンを取り上げて報道しました。その関心の高さには、私たち自身が驚かされるほどでした。そして、2008年6月2、3日の全国公害被害者総行動を中間地点とし、6月12日からキャラバンの後半戦がスタートしました。後半は、東京での念入りな訴えの後、千葉県、埼玉県、茨城県、栃木県、群馬県、新潟県、福島県、山形県、岩手県、青森県の10県を経て、北海道入りしました。

　私たちが北海道を目指したのは、2008年7月に北海道において洞爺湖サミ

ットが開催されることから、サミットの議長国である日本で、50年以上にわたり解決されない公害問題があるということを世界に発信するためでした。もちろん、サミット会場に入ることはできませんが、北海道までキャラバンをつなぎ、札幌での国際シンポジウムや、大通公園でのリレートークに参加しました。熊本からは遠く離れた北海道の地で、「水俣病は終わっていない」ことをアピールし、約1ヶ月半に及んだキャラバンは成功裏に幕を閉じました。キャラバンも後半になればなるほど周知されるようになり、マスコミにも大きく取り上げてもらえるようになりました。そして、キャラバンで得たものは、全国的な支援の獲得だけではありませんでした。参加したすべての原告が、これまで人には話せなかった水俣病の被害を語ることが人々の共感を呼び、大きな支援につながることを実感し、自信を付けたことも大きな収穫でした。全国の仲間とともにこのようにして、運動体としての力を付けた私たちは、その後も現地での宣伝行動や原告団拡大の運動など、積極的な活動を続けることになりました。

　全国的な活動としては、全国の公害、薬害などの被害者団体が集い、関係省庁や加害企業との交渉や決起集会、街頭でのデモ、宣伝活動などを行う、全国公害被害者総行動（総行動）にも毎年参加しました。そして、水俣病問題は、総行動においても中心的な課題として取り上げられるようになりました。総行動への参加は、私たちと同様に公害や薬害の被害に苦しむ被害者らとの連帯を強固なものにし、全国的な運動の大きな足がかりとなるものでした。

（2）特措法による幕引きを許さない

　2009年7月8日には、「水俣病被害者の救済及び水俣病問題の解決に関する特別措置法（特措法）」が成立しましたが、この特措法の成立を阻止するための活動も、私たちのたたかいを大きく前進させるものでした。

　特措法は、当時の水俣病問題与党プロジェクトチームが提案した救済策について、私たち不知火患者会が明確にこれを拒否したことで、肝心の一時金の支払者チッソが、「最終解決にならない」と言って拒否したため、あらたに考案された法案でした。法律の名称は、水俣病被害者の救済をうたっていますが、被害者救済の内容は極めて不十分であり、実質的には加害企業チッ

ソの分社化のための法案でした。被害者救済の内容は極めて不十分というの
は、水俣病の加害責任が確定した国が被害者を選別するという制度を認めれ
ば、被害者の大量切り捨てにつながることは明らかでした。一部の被害者団
体はこれを歓迎しましたが、私たちは、これを被害者救済とは名ばかりの加
害者救済、被害者切捨法案だとして認めることはできませんでした。

　私たちは、特措法の法案が与党案として浮上してきた2009年3月から、こ
れを阻止する行動を始めました。まず、チッソ分社化がいかに許されないこ
とかを訴えるため、同年3月4日、熊本市内で緊急シンポジウムを開催し、
東京経済大学の除木理史准教授が分社化のスキーム（枠組み、ねらい、意
味）について分かりやすく講演しました。

　また、原告団の団結をより強固なものにするために、ちょうど高岡医師の
証人尋問が行われた同年3月13日には、尋問の昼休みの時間を利用して「特
措法の国会上程に抗議する緊急集会」を開催し、特措法による解決には応じ
ず、裁判を継続していくこと及び国会議員に私たちの考えを訴えていくこと
を確認しました。

　この頃から私たちは、度々上京し、国会議員に対し、水俣病問題の正当な
解決を訴えていきました。6月2日には緊急の院内集会を行い、多数の野党
議員が参加して私たちとの連帯を約束してくれました。しかし、当時野党で
あった民主党は、それまで熊本地方区選出の参議院議員が座長を務めていた
「民主党水俣病対策作業チーム」の座長を解任し、民主党幹部に引き上げ自
民党との合意を目指すようになりました。そのような民主党の動きにより、
特措法の成立がいよいよ現実的なものとなってしまいました。

　私たちは、最後まで諦めずに特措法の不当性を訴えるため、6月25日から
国会前での座り込み行動を始めました。さらに環境委員会所属の国会議員を
中心に要請行動を行い、合わせて、国会前での宣伝行動も継続していまし
た。私たちの行動には、様々な方が賛同してくれました。中でも、環境大臣
が2005年に設けた水俣病問題懇談会の委員であった柳田邦男氏や加藤タケ
子氏が特措法に反対する意見を表明したことは、特措法の不合理性を社会に
アピールすることになりました。

　特措法に反対する患者団体も連帯しました。このときの運動に共同して取
り組んだ新潟水俣病阿賀野患者会とは、その後ノーモア・ミナマタ水俣病被

害者・弁護団全国連絡会議（全国連）を結成し、和解まで共同してたたかうこととなりました。私たちへの支援の輪も、目に見える形で大きなうねりとなっていきました。座り込みを続けたことで、毎日、国会議員や支援団体の幹部、他の公害被害者など、多数の方々が応援に駆けつけてくれました。このときの連帯が、東京での支援の輪を広げ、後の東京提訴に大いに役立ったことは間違いありません。

特措法は、私たちの徹底的な反対を押し切り、2009年7月2日には自民党、公明党、民主党の三党合意に至り、7月3日には衆議院で、7月8日には参議院でそれぞれ可決され、成立しました。私たちは、特措法の成立に憤りましたが、皮肉にも特措法が成立したことで水俣病問題が全国的に報道され、社会の関心を得ることになり、水俣病問題の解決が国政の重要課題となりました。また、特措法を阻止する運動と、民主党の水俣病対策作業チームに所属していた国会議員らの熱心な説得により、特措法の内容をより被害者救済に資するものとすることもできました。

（3）特措法成立後のたたかい

特措法を巡るたたかいで、私たちは、最後まで諦めずにたたかうことが大きな成果を生むことを学びました。このとき、特措法は水俣病被害者の救済の枠組みを定めただけで、救済内容はまだ白紙の状態でした。私たちは、裁判外の被害者のためにも、よりよい救済内容を勝ち取る必要がありました。私たちは、被害者救済の水準をよりよいものとするために、特措法成立後も継続して上京し、私たちの考えを伝える通信を作成して国会議員らに訴えました。原告団を拡大する運動も続け、首都東京での提訴も実現しました。

それらの活動の一つの集大成が、2011年勝利和解であったことは間違いありません。

しかし私たちのたたかいがこれで終わるわけではありません。「すべての水俣病被害者の救済」をかかげ、未救済の被害者がいる限り、私たちはたたかい続けるでしょう。そして、水俣病の教訓を国内だけでなく、世界に発信していかなければなりません。

3. 2011年勝利和解の内容と成果

1）和解所見による基本合意まで

　2009年7月8日に水俣病特別措置法が成立したことを受け、私たちは、「水俣病被害者をもれなく救済するのはやっぱり司法」であることを明らかにしながら、国・県・チッソに対し、裁判上の協議に基づく早期和解を求めていくことにしました。

　ノーモア・ミナマタ訴訟においても、被告らは、「感覚障害だけでなく複数の症状がなければ水俣病とは認めない」、「四肢末梢優位の感覚障害でなければ水俣病特有の症状とは言えない」など、水俣病像を狭く捉える考え方に固執していました。ところが、高岡滋医師の証人尋問をふまえ、特措法では、感覚障害だけでも水俣病とし、全身性の感覚障害も水俣病として認めざるを得なくなりました。

　また被告らは、「原告らは訴え出たのが遅すぎる」などとして、消滅時効・除斥期間による制限を主張していました。ところが、増え続ける被害者の前に、特措法では、期間による制限を設けることは出来ませんでした。

　こうして、被告らが訴訟で主張していた大きな2つの争点は、特措法の制定によって実質的に決着を見ました。そこで原告団は、同年7月31日に69名の追加提訴を行うとともに、同年8月9日には1,200名で決起集会を開き、「今こそ、被告らは、裁判上の協議に基づく早期和解のテーブルに着け！」とのたたかいを展開していくことを決議したのです。

　同年8月23日には水俣市で、熊本、近畿、新潟の原告団・弁護団と東京の弁護団が、「ノーモア・ミナマタ被害者・弁護団全国連絡会議（以下「全国連」）」を結成しました（のちに東京原告団も加盟）。全国連は、全国の潜在患者を救済するうえで大きな役割を果たすとともに、その後の和解協議を共同歩調で進める際にも重要でした。

　同年9月20、21日、不知火海沿岸17会場で、1,000人を対象とした沿岸住民健康調査が実施されました（原田正純実行委員長）。詳細は先に述べたと

おりですが、この健康調査の結果は、それまで行政が「水俣病被害者はいない」としていた地域や世代にも多くの被害者が埋もれていることを社会的に明らかにし、被告らを震憾させました。

　そして国は同年11月、ついに、裁判上の和解に向けた原告団との事前協議を開始せざるを得なくなりました。事前協議では主に、補償内容や判定方法について協議を重ね、論点を整理していきました。そして、2010年1月22日、熊本地方裁判所（高橋亮介裁判長）から当事者双方に対し、解決に向けた和解勧告が出され、ただちに和解協議に入りました。和解協議では、補償内容や判定方法のほか、対象地域や年代をどうするかについても、双方の考えを裁判所に訴えました。

　一方、2009年2月27日に近畿在住の被害者12名が大阪地裁に提訴したのに続いて、熊本地裁で和解協議が開始された直後の2010年2月23日、関東在住の被害者23名が、東京地裁に提訴しました。近畿と東京での提訴は、和解協議のスピードを加速させるとともに、県外転居者救済の必要性を国につきつけることになりました。

　3回の和解協議を経て、熊本地裁は2010年3月15日、解決所見を示しました。解決所見は、後で述べる和解の骨子となるものですが、三本柱（一時金・医療費・療養手当）の救済内容をはじめ、第三者委員会による判定方式、地域外原告を含む判定方法など、幅広い救済を求める原告らの意見を組み入れたものでした。原告団は、ただちに29地域で集会を開き、計1,000名を超える原告の参加で、解決所見について協議しました。そのうえで同年3月28日、水俣市総合体育館で1,050名の参加をもって総会を開き、圧倒的多数の賛成で解決所見の受け入れを決めました。そして、被告らも解決所見の受け入れを決めていましたので、同年3月29日、熊本地裁で和解に向けた基本合意が成立したのです。

2）判定作業から和解成立まで

　原告団は、原告全員に第三者診断の意義やその後の手続を理解してもらいながら、第三者診断に臨みました。第三者診断前に死亡した原告でも、生前

に公的検診を受けていればその結果を用いることで救済対象になりうることも交渉で勝ち取りました。

御所浦を除く天草など、いわゆる対象地域外の原告については、水俣湾周辺の魚を多食したことについての資料作成・収集を行いました。

弁護士が原告一人ひとりから話を聞き、供述録取書という形でまとめ上げたうえで、弁護士立ち会いのもと熊本県、鹿児島県の担当者が原告からヒアリングを行いました。

第三者委員会は、座長の吉井正澄氏（元水俣市長）のほか、原告推薦の医師2名、被告推薦の医師2名の計5名で構成され、診断結果や疫学資料をもとに、毎回、熱心かつ公平な討議がなされました。第三者委員会の判定結果をふまえ、30地域で集会を開き、計1,700名を超える原告の参加で、和解の可否について協議しました。そして、2011年3月21日、芦北スカイドームで1,512名の参加をもって総会を開き、圧倒的多数で和解することを決めました。次いで、3月24日に東京地裁、25日に熊本地裁、28日に大阪地裁でそれぞれ和解が成立したのです。

3）和解の内容

補償内容は、①医療費、②療養手当、③一時金の三本柱の給付です。

①医療費については、健康保険の自己負担分を国・県が補助することにより実質無料化され、一生涯、安心して医療を受けることができます。

②療養手当は、入院した場合月額17,000円、通院の場合70歳以上なら15,900円、70歳未満なら12,900円です。これも生涯給付という点では、大変大きな補償です。

そして、③一時金210万円に加え、団体一時金34億5,000万円（近畿・東京を含む）が支給されました。一時金の額は、2004年関西訴訟最高裁判決の水準に達しませんでしたが、医療費、療養手当を含む三本柱の給付となったこと、提訴から5年半という比較的短期間で勝ち取ったことを考えれば、原告団のたたかいの大きな成果と評価できます。

環境省の環境保健部長は、「受診者がうそをついても見抜けない」「不知

火海沿岸では、体調不良をすぐ水俣病に結びつける傾向がある」「カネという バイアスが入った中で調査しても、医学的に何が原因なのかわからない」 など、あたかも原告らが「ニセ患者」であるかのごとき暴言で物議を醸しましたが、水俣病被害者と認めさせたうえでの和解を勝ち取ったことも、原告らにとっては大切なことです。

　基本合意で、「被告らが責任とおわびについて具体的な表明方法を検討する」とされていたことをふまえ、2010年5月1日、内閣総理大臣として初めて当時の鳩山由紀夫首相が水俣病犠牲者慰霊式に参加し、「水俣病の被害の拡大を防止できなかった責任を認め、改めて衷心よりお詫び申し上げます」と述べ、熊本県知事も同様に謝罪しました。

　なお、「国は、メチル水銀と健康影響との関係を客観的に明らかにすることを目的として、原告らを含む地域の関係者の協力や参加の下、最新の医学的知見を踏まえた調査研究を行うこととし、そのための手法開発を早急に開始するよう努める」と和解調書に明記させたことは、「すべての水俣病被害者の救済」を目指す不知火患者会にとって、不知火海沿岸住民の健康調査を実施させる足がかりとなるものです。

４）裁判上の和解の意義

　今回の和解は、給付内容もさることながら、大きく4つの点から評価できます。

　第1に、今回の和解は、40年に及ぶ水俣病裁判史上初めて、国を裁判上の和解のテーブルに着かせ、原告団と一緒に解決策を模索させた結果、勝ち取った点です。2004年関西訴訟最高裁判決で、水俣病の拡大に関する国と熊本県の法的責任が断罪されるとともに、国の厳しい認定基準が事実上否定されたことを受け、原告50名が、2005年、熊本地裁にノーモア・ミナマタ訴訟を提起し、「裁判所で協議して大量の被害者を早期に救済するためのルール（司法救済制度）を決めるべき」と提案しました。仮に、水俣病として補償を受けるべき被害者が50名しかいなかったとすれば、全員について判決を目指すとの方針をとることもあり得たかもしれません。しかし、2005年

第一陣原告が提訴した時点で、すでに1,000名を超える被害者が熊本県と鹿児島県に対して認定申請をしており、まだまだ名乗り出ていない潜在患者が多数いることは明らかでした。そこで私たちは、数千、あるいは数万単位の被害者を早期に救済するためには、国、熊本県、チッソと、2004年関西訴訟最高裁判決に沿って和解することが必要かつ可能と考え、司法救済制度の確立を提案したのです。

これに対し、2005年第一陣提訴当時の環境大臣は、「原告らとは和解しない」と言い放ちました。しかし国は、2009年、水俣病特別措置法の制定後も増え続ける原告団に対し、「原告とは裁判上の和解によって解決を図る」と方針転換せざるを得なくなり、特措法の具体化より先に原告団との和解のルールを決めるための協議を重ねたのでした。裁判上の和解を目指す以上、和解内容について原告団の納得が不可欠となり、ここに特措法による一方的な判定との大きな違いを生み出しました。その結果、第三者委員会による判定という、大量の原告を早期かつ公正に救済するためのルールを作り上げることができ、近畿・東京も含む2,992名の原告のうち2,772名（92.6％）が一時金等の対象となり、医療費のみの対象者22名とあわせ93.3％の救済を勝ち取ることができたのです。

第2に、行政単独の被害者選別を廃止させ、「第三者委員会」を加えた点で画期的です。

これまで、「『誰が被害者か』については、行政（の指定した医師）が決める」というのが、国の一貫した政策でした（「行政の根幹」論）。これに対し、原告団は、「最高裁判決で加害者と断罪された国が、『誰が被害者か』を決めるのはおかしい」と批判しました。そして、高岡滋医師の証人尋問を実施し、県民会議医師団による「共通診断書」の信用性を明らかにしました。その結果、熊本地裁の解決所見は、委員の半数の人選を原告側に委ねる「第三者委員会」による判定方式を採用したうえ、県民会議医師団が作成した「共通診断書」を第三者（公的）診断結果書と対等に判定資料とすることとしました。すなわち、「誰が水俣病被害者か」についての判断権についての行政の独占を突破したのです。

また、国(行政)がこだわってきた病像においても、全身性の感覚障害も水俣病と認めさせるなど、救済対象を広げました。これらは、他の公害被害者

・薬害被害者認定の場面においても、大きなインパクトを与えるものといえるでしょう。

　第3に、天草をはじめ、これまで対象地域外とされてきた地域でも、約7割という高い救済率を勝ち取り、事実上、対象地域を大きく広げたものと評価できます。これまで行政は、行政区域で線を引き、地域外の者については、メチル水銀の曝露がないとして、救済を拒んできました。しかし、魚介類の摂取状況に関する供述録取書の作成や県のヒアリングへの立ち会い、ねばり強い和解協議を通じて、これまで行政が「水俣病の被害者はいない」としていた地域に多数の被害者がいることを認めさせたことは、地域外での特措法による救済の道を大きく開いたといえます。また、これまで1968年末までに出生した者に限っていた曝露時期についても、1969年11月30日生まれまでに拡張させるとともに、それ以降についても、一定の条件で対象者にすることができました。こうして、地域や年代による線引きを突破したことは、「すべての被害者救済」に向けての大きな成果です。

　第4に、時効・除斥なき救済を勝ち取った点でも画期的です。チッソは原告らに対し、「権利の上に眠る者は保護に値しない」などとして時効による賠償請求権の消滅を主張し、国、熊本県も、すでに水俣病を発症して20年以上経つのだから、除斥期間によって権利主張が認められないなどと主張しました。じん肺（労災）や肝炎（薬害）などの裁判では、除斥期間によって原告の権利主張が制限されることがあります。しかし、ノーモア・ミナマタ訴訟においては、「公害に時効なし」との立場から、「原因企業であるチッソが消滅時効の主張をすること自体信義則に反し許されない」ことを裁判所の内外で明らかにするとともに、国・熊本県による除斥期間の主張についても、「水俣病の診断の難しさ、差別・偏見が根強いもとで水俣病として名乗り出ることの困難さを考えれば、発症してすぐに訴え出ることがいかに大変であるか」を明らかにしてたたかいました。そして、大量の被害者を前に、国は、水俣病特措法において除斥期間を設けることができず、ノーモア・ミナマタ訴訟においても除斥期間による差別をいうことはできなくなったのです。

　以上4点が、ノーモア・ミナマタ訴訟のたたかいの成果です。

むすび
水俣病問題の今後

　環境省は、2012年7月31日、水俣病被害者救済特別措置法（水俣病特措法）による水俣病救済策の申請を終了した。この段階までに申請者は65,151人に及んだ。しかしながら、行政は、申請者の処分の内容を明らかにしようとしない。しかし、チッソの2013年3月期連結決算などから、チッソが特措法の対象者のうち27,770人に一時金210万円を支払っていることが判明している。しかしながら、水俣病特措法により救済されなかった人たちについて、環境省と熊本県・鹿児島県は異議申立ができないという態度を取っている。ところが、新潟県では異議申立ができるとしており、水俣病をめぐる行政の対応は別れている。

　こうした中で、さらに水俣病特措法の申請〆切に関連して、国や県は、次の者たちの申請の道を閉ざしたという問題点が指摘されている。

　第1に、濃厚汚染の時期に山間部には行商で汚染魚が運ばれた歴史があり、この発掘調査が遅れていること。

　第2に、熊本や鹿児島で対象地域外に住む人たちの発掘調査である。熊本では天草地域がそうであり、鹿児島でも内陸部がそうである。

　第3に、水俣病が発症したとされる1968年12月までは救済の対象であるが、それ以降生まれたものは対象者とならないということである。もっとも、2011年3月の裁判所での和解では、この制限と第2の制限を受けた者も救済対象としている。今後は水俣病特措法の制限を外す必要があろう。

　第4に、例えば、濃厚汚染地域の津奈木町では、濃厚汚染時期以降町民の半数が町を出て都会に移り住んでいる。その調査はなされていない。

　ところで、チッソは2011年1月、水俣病特措法に従い、「JNC株式会社」を設立し、同年4月チッソはJNCに全事業を譲渡した。しかし、2004年10月15日、最高裁判所は、感覚障害だけの患者について国と熊本県の賠償責任を認めた。したがって、感覚障害だけの水俣病患者の救済をしない限り、すべての水俣病患者の救済は終わらない。

さらに、2013年4月16日、最高裁判所は、感覚障害だけの患者であって
も、行政認定上水俣病であるとして認定する判決を下している。したがっ
て、今後は、感覚障害だけの者であっても、裁判で行政による水俣病患者と
して認定されるか、民事上の損害賠償を求めることもできることになる。

　そして、2013年6月20日、48人の原告が水俣病患者としての損害賠償を
求めて、国・熊本県などを被告に裁判を熊本地裁に提起した。

　政府が、水俣病を公式に確認したのは、1956年5月1日である。その日か
ら57年経ったが、まだ水俣病をめぐる裁判は続いている。最後の一人の水
俣病患者が救済されるまでたたかいは続いていくであろう。

　「公害は被害に始まり被害に終わる」というが、水俣病も未だに解決を見
ていないのである。

미나마타병
관련연표

기타오카 히데오 北岡秀郞, 미나마타병 시라누이환자회, No More Minamata 국가배상등소송변호단
『No More Minamata 해결판』 2011년 8월 27일 초판 제1쇄 발행, 花伝社

〈미나마타병 관련연표〉

연월		사건내용
1906년	1월	노구치 시타가우(野口遵)가 가고시마현 오구치(鹿児島県大口)에 발전소를 건설하고, 소기전기(曽木電気)를 창설.
1908년	8월	소기전기와 일본 카바이드상회를 병합, 일본질소주식회사(칫소)로 됨.
1932년	3월	칫소 미나마타 공장에서 수은을 촉매로 하는 아세트알데히드 생산 시작.
1955년	6월	미나마타시 모도(茂堂), 쓰키노우라(月の浦) 지역의 고양이 전멸
1956년	5월	칫소 부속병원의 호소카와 하지메(細川一)원장이 미나마타 보건소에 원인불명의 중추신경계 질환이라고 보고.(이후 미나마타병 공식 확인)
1957년	3월	미나마타 보건소 소장이 고양이에게 미나마타만 산 어패류를 주며 실험 개시.
	7월	구마모토현이 미나마타만 산 어패류 판매금지 방침을 식품위생법에 준하여 관철함.
	9월	그러나 구마모토현의 어패류 판매금지 조회에 대해, 후생성은 '미나마타만 산의 모든 어패류가 오염되었다는 명확한 근거는 없다'라고 하여 결국 판매 금지 철회.
1958년	9월	칫소가 공장 폐수 배출구를 핫켄항(百間港)에서 미나마타강 하구로 변경.
	12월	수질보전법, 배수규제법 성립, 그러나 칫소는 대상에서 제외.
1959년	10월	미나마타 어협 총궐기집회(제 1차 어민분쟁)
	11월	시라누이해(不知火海) 연안 어협 총궐기대회(제2차 어민분쟁) 공장 조업 중지를 요청하였으나 거부당하자, 어협이 공장에 밀고 들어가 경찰대와 충돌, 100명 이상의 부상자 발생(칫소 침입사건)
	12월	칫소와 환자, 가정상조회가 위로금 계약체결(책임과 인과관계는 불명)
1961년	1월	시라누이해 연안 어민의 칫소 침입사건에 대해 3명(쓰나기, 아시키타, 다노우라 어협장) 에게 집행유예형, 52명에게 벌금형 판결
	8월	태아성 미나마타병을 처음으로 인정(태아성 미나마타병 공식확인)
1967년	6월	(니가타 미나마타병 제1차 소송제기)니가타 미나마타병 환자들이 쇼와전공(昭和電工)에 손해배상 청구.
1968년	5월	일본에서(칫소를 마지막으로)아세트알데히드 제조 정지
	9월	정부가 미나마타병의 공해 인정(아세트알데히드 제조를 정지하였기 때문에 모발 내의 메틸수은의 반감기(半減期)가 지나 증명할 수 없을 것이라는 점도 예상한 공해 인정임.)

연월		사건내용
1969년	6월	구마모토의 환자가 칫소에 손해배상을 청구하며 구마모토 지방재판소에 제소(구마모토 미나마타병 제1차 소송)
1971년	9월	니가타 미나마타병 제1차 소송 판결(원고 승소, 그러나 쇼와전공은 공소)
1973년	1월	인정·미인정환자가 칫소에 대해 손해배상청구(구마모토 미나마타병 제2차 소송이 시작됨)
	3월	구마모토 미나마타병 제1차 소송 판결(원고 승소)
	6월	구마모토 미나마타병 원고가 승소하자, 니가타에서도 보상 협정 체결
	7월	칫소와 환자가 보상 협정(칫소가 행정인정환자단체에 한 사람당 1600~1800만 엔의 보상금 등을 지불하게 됨)
1974년	1월	구마모토현이 수은을 포함한 헤드로 처리를 위해 미나마타만에 칸막이 망을 설치
1975년	11월	미나마타병 환자가 역대 칫소 간부를 형사 고소
1976년	12월	부작위(不作為) 위법확인 행정 소송에서 인정이 지체되는 것은 행정의 태만이라 하여 원고 승소가 확정됨.
1977년	7월	「감각장애만이 아니라 운동장애·평형기능장애, 구심성 시야협착 등 복수증상 조합을 미나마타병 판단기준으로 한다」(쇼와52년 판단 조건이라 불림)는 것을 통지.
1978년	6월	정부 각의에서 칫소에 대한 금융 지원책으로, 구마모토현채(熊本県債) 발행을 승낙.
1979년	3월	칫소 사장과 미나마타 공장장에 대한 업무상 과실치사죄로 유죄 판결(이후에 최고재판소에서 유죄 확정)
1985년	8월	구마모토 미나마타병 제2차소송·후쿠오카 고등재판소 판결(「감각장애만으로 미나마타병」이라 인정)
1987년	3월	구마모토 미나마타병 제3차 소송 제1진·구마모토 지방재판소 판결(칫소 외에 정부·현의 책임 인정)
1988년	2월	칫소 형사재판상고심 최고재판소 판결, 상고 기각 결정(사장과 공장장 유죄 확정). 이는 태아에 대한 상해죄와 살인죄를 인정한다는 의미의 판결.
1990년	11월	도쿄 소송에서 화해 권고. 그러나, 정부는 화해 거부.
1993년	3월	구마모토 미나마타병 제3차소송 제2진 판결(정부·현의 책임 인정)
1995년	12월	미나마타병에 관한 정부 해결책을 각의 결정(1996년 정치 해결로)
1996년	5월	도쿄 고등재판소, 구마모토 지방재판소, 오사카 고등재판소, 교토 지방재판소, 후쿠오카 고등재판소에서 칫소와 화해(간사이 소송을 제외한 모든 미나마타병 민사소송 종결)
2004년	10월	미나마타병 간사이 소송 최고재판소 판결(정부·현의 국가배상 책임을 인정하고, 감각장애를 미나마타병이라 인정한 판결)
2005년	10월	시라누이환자회 회원 50명이 No More Minamata 국가배상 등 청구소송 제기(피고는 정부·현·칫소)

연월		사건내용
2006년	4월	No More Minamata 소송 원고 수가 1000명을 넘음. 중·참의원에서 「비참한 공해를 되풀이하지 않도록 하는 결의」
	6월	여당의 미나마타병 문제 프로젝트팀 발족 No More Minamata 소송 추가 제소 원고 수 1,124명으로
	9월	환경피해에 관한 국제포럼에서 "미나마타병의 교훈을 세계로"를 발신(14개 국 참가)
	11월	No More Minamata 소송 원고 수 1,159명으로 「칫소의 부담분은 주주, 종업원, 금융기관 등에 대한 설명이 어렵다」라며, 칫소는 전면적으로 싸울 자세를 표함.
2007년	1월	규슈 변호사회 연합회가 「미나마타병 피해자 방치는 인권침해」라고 정부·현·칫소에 대해 경고.
	2월	신 보건수첩 교부자가 10,000명을 넘음.
2008년	5월	미나마타병 공식 인정으로부터 52년, 미나마타병 위령식에 환경대신, 구마모토현 지사, 칫소 회장 출석.
2009년	6월	시라누이환자회, 미나마타병 특별조치법 성립 저지를 위해 중의원 회관 앞에서 농성 개시(칫소 분사화와 미나마타병 시효를 포함한 내용을 위해)
	7월	중의원·참의원에서 미나마타병 특조법이 정식 가결. 법안 성립.
	8월	구마모토·긴키·니가타의 미나마타병 피해자단체와 변호단이 No More Minamata 피해자·변호단 전국연락회의 결성.
	9월	하토야마 유키오(鳩山由紀夫) 내각 발족. 하토야마 수상, 재판소의 소견 수락 표명. 미나마타병 특조법이 결정되었기 때문에 칫소는 화해 소견 받아들일 것을 결정.
2010년	3월	No More Minamata 소송 제5회 화해 협의에서 「기본 합의」성립.
	5월	미나마타병 위령식 미나마타시 개최.(하토야마 유키오 수상이 역대 수상 최초로 출석하여 사죄)
	6월	미나마타병 특조법 신청 수락 후 한 달 동안, 구마모토, 가고시마의 두 현에서 18,458명이 신청.
	9월	특조법에 근거한 구제책에 대한 구제 신청자 34,028명(8월까지의 누계)
2011년	1월	미나마타병 특조법에 근거하여 칫소가 분사화. 사업회사 「JNC주식회사」 설립.
	3월	No More Minamata 니가타 모든 피해자 구제 소송 화해 성립(원고 수 173명) 미나마타병 특조법 신청자가 4만 명을 넘음. 동일본대지진 발생(후쿠시마 제1 원전에서 사고 발생) No More Minamata 도쿄(원고 수 194명), 구마모토(원고 수 2492명), 오사카(원고 수 306명)의 화해 성립.
	4월	칫소가 JNC주식회사에 모든 사업을 양도.
2012년	7월	미나마타병 특조법 신청자 약 7만 명.